JN299739

地震工学概論

【第2版】

元田良孝・萩原良二・運上茂樹 共著

森北出版株式会社

● 本書のサポート情報をホームページに掲載する場合があります．下記のアドレスにアクセスし，ご確認ください．

http://www.morikita.co.jp/support/

● 本書の内容に関するご質問は，森北出版 出版部「(書名を明記)」係宛に書面にて，もしくは下記のe-mailアドレスまでお願いします．なお，電話でのご質問には応じかねますので，あらかじめご了承ください．

editor@morikita.co.jp

● 本書により得られた情報の使用から生じるいかなる損害についても，当社および本書の著者は責任を負わないものとします．

■ 本書に記載している製品名，商標および登録商標は，各権利者に帰属します．

■ 本書を無断で複写複製（電子化を含む）することは，著作権法上での例外を除き，禁じられています．複写される場合は，そのつど事前に(社)出版者著作権管理機構（電話 03-3513-6969，FAX 03-3513-6979，e-mail：info@jcopy.or.jp）の許諾を得てください．また本書を代行業者等の第三者に依頼してスキャンやデジタル化することは，たとえ個人や家庭内での利用であっても一切認められておりません．

まえがき

　本書の初版は，都市直下型地震として大都市に大きな被害をもたらした1995年の阪神・淡路大震災を契機に出版したが，それから10年以上が経過した．この間，阪神・淡路大震災の教訓から建物や社会インフラの耐震化や補強が進み，地震にはより強い社会になっていたはずである．ところが，2011年3月11日の東日本大震災は，予想をはるかに超える巨大津波が東北から関東の沿岸を襲い，阪神・淡路大震災を凌ぐ大きな衝撃を世界に与えた．とくに，福島における原子力発電所の被災とその後の放射能汚染は，世界でもはじめてのケースである．巨大津波も，それによる原発災害も，ほとんどの人が予測できず，自然の力の大きさをあらためて感じている．近年，わが国では，地震活動が活発化しているといわれている．東海地震をはじめ，東南海・南海地震，首都直下地震などが近い将来に起こると予測されており，私たちは今後も大きな地震を避けることができない．

　本書は，土木技術者をおもな対象とし，地震と地震対策について著したものである．工学分野でも地震関係の書籍は細分化された専門書が多く，全体を概観できる書籍は少ない．とくに，理学である地震学と工学である地震対策を結びつけた書はあまりない．今回は，東日本大震災を機に初版を全面的に改訂し，新たな情報を盛り込んで地震と地震対策を概観する書を著した．本書は，大学，高等専門学校などで，地震工学の入門教科書として使えるように，章末には演習問題を用意している．また，教科書としてだけではなく，行政で防災に携わる者，社会人で防災に興味のある者の入門書にも適している．さらに勉強したい者は，ここに示した参考文献など，それぞれの専門書を参照していただきたい．本書がさまざまな方面で活用されることを祈念する．

　なお，国立研究開発法人建築研究所の古川信雄氏には，地震学についてご指導をいただいた．森北出版には，改訂について貴重なアドバイスをいただいた．多くの方々のご協力に感謝を申し上げる．そして，震災で犠牲になった方々のご冥福を心よりお祈りする．

2012年8月

　　　　　　　　　　　　　　　　　　　　　　　　　　　　　　　　著者ら記す

目 次

第1章 地震の性質　　1
1.1 わが国と地震 ……………………………………………………1
1.2 世界の地震 ………………………………………………………4
1.3 地震の原因 ………………………………………………………7
1.4 地震の尺度 ………………………………………………………9
1.5 余震特性 …………………………………………………………16
演習問題［1］ ……………………………………………………22

第2章 地震予知　　23
2.1 地震予知の歴史と現状 …………………………………………23
2.2 中・長期的地震予知（評価） …………………………………25
2.3 短期的地震予知 …………………………………………………25
2.4 地震発生後の情報伝達 …………………………………………30
2.5 地震予知の組織と体制 …………………………………………30
2.6 地震予知に関する批判 …………………………………………32
演習問題［2］ ……………………………………………………34

第3章 地震による自然現象　　35
3.1 地殻変動（余効変動） …………………………………………35
3.2 断　層 ……………………………………………………………36
3.3 液状化 ……………………………………………………………39
3.4 そのほかの現象 …………………………………………………43
演習問題［3］ ……………………………………………………44

第4章 地震動　　45
4.1 地震波の種類 ……………………………………………………45

4.2 地震計 ………………………………………………………………… 47
4.3 強震観測 ……………………………………………………………… 49
4.4 震源の推定 …………………………………………………………… 49
4.5 震源からの距離による減衰 ………………………………………… 50
4.6 地震動の継続時間 …………………………………………………… 51
4.7 地盤の振動 …………………………………………………………… 52
4.8 地震動のスペクトル ………………………………………………… 54
4.9 構造物の被害と地震動 ……………………………………………… 55
演習問題［4］ ……………………………………………………………… 57

第5章　地震による被害と対策　　58

5.1 橋　梁 ………………………………………………………………… 58
5.2 ライフライン ………………………………………………………… 68
5.3 河川構造物 …………………………………………………………… 70
5.4 道路盛土 ……………………………………………………………… 72
5.5 斜　面 ………………………………………………………………… 73
5.6 地下構造物 …………………………………………………………… 74
5.7 そのほかの土木構造物 ……………………………………………… 75
5.8 二次災害 ……………………………………………………………… 78
演習問題［5］ ……………………………………………………………… 84

第6章　耐震設計法　　85

6.1 耐震設計法の歴史 …………………………………………………… 85
6.2 耐震設計法の基礎 …………………………………………………… 87
6.3 制震・免震 …………………………………………………………… 93
演習問題［6］ ……………………………………………………………… 97

第7章　調査と災害対策　　98

7.1 地震災害の調査 ……………………………………………………… 98
7.2 地震災害対策 ………………………………………………………… 101
7.3 防災都市計画 ………………………………………………………… 109
7.4 被害予測 ……………………………………………………………… 112
7.5 リアルタイム地震防災 ……………………………………………… 113

演習問題［7］ ··· 116

第8章　地震防災知識　　　117

8.1　地震災害に関する法律 ·· 117
8.2　ボランティア ··· 122
8.3　救援物資 ··· 123
8.4　救命救助 ··· 124
8.5　地震に関する国際協力 ·· 126
8.6　地震保険 ··· 127
8.7　経済的影響 ··· 128
8.8　帰宅困難者 ··· 130
8.9　物資不足 ··· 130
演習問題［8］ ··· 132

第9章　津　波　　　133

9.1　津波被害の歴史 ··· 133
9.2　津波のメカニズム ··· 134
9.3　津波注意報，津波警報 ·· 137
9.4　津波による被害 ··· 138
9.5　津波対策 ··· 142
演習問題［9］ ··· 147

第10章　安全の考え方と住民の防災対策　　　148

10.1　安全の考え方 ·· 148
10.2　住民の防災対策 ·· 156
演習問題［10］ ··· 159

付録　振動の基礎理論 ·· 160
参考文献 ··· 169
地震関係のおもなホームページ一覧 ·· 174
索　引 ··· 176

第1章　地震の性質

わが国は，地震大国といっていいほど地震活動が盛んな国である．地震工学に関する勉強をはじめるにあたり，ここではわが国や世界の地震の歴史，地震の原因，震度やマグニチュードなど揺れの強さや地震の大きさを測る単位，本震発生後に生じる余震など，地震そのものに関する基本的な事項について述べる．

1.1　わが国と地震

　わが国と地震は，切っても切り離せない関係にある．数々の大地震が歴史に刻まれてきたが，私たちにとって 2011 年 3 月 11 日は永遠に忘れられない日となった．14 時 46 分東北沖の海底深く，500 km もの長さを約 3 分間という猛烈なスピードで岩盤が破壊された．マグニチュード 9.0（マグニチュードは地震の規模を表す指標で 1.4 節参照）という，わが国の記録では歴史上最大の巨大地震が発生し，想像をはるかに超える大津波が東北から関東の沿岸を襲った．この結果，約 2 万人の死者・行方不明者を出すという，近年では 1923 年の関東大震災に次ぐ巨大災害となったのである．映像を通じて見た押し寄せる大津波は，現実のものとは思えなかった．私たちは，1000 年に一度という大津波を経験したまれな世代といえる．

　もともとわが国は，地震を含む自然災害のリスクが世界で最も高い国の一つである．気候が穏やかなヨーロッパと異なり，台風，豪雨，豪雪，火山噴火など，ありとあらゆる自然災害が毎年のように襲うが，なかでも地震は最もリスクの高い自然災害である．日本とその周辺は面積比でわずか全地球の約 0.1%であるが，世界の地震の約 10%のエネルギーが発生しており，単位面積あたりの地震エネルギーは世界の平均の約 100 倍である．このような自然災害リスクのきわめて高い国に，私たち日本人は連綿と生活を続けているのである．

　日本の歴史に登場する地震で最も古いのは，日本書紀に記されている，いまから約 1700 年前の西暦 416 年（允恭 5 年）に，現在の奈良県北部あるいは大阪府南東部で起こった地震である．わが国で最大の人的被害のあった地震は，1923 年 9 月 1 日に発

表1.1 明治以降のわが国のおもな地震と被害

発生年		地震名	マグニチュード [M]	地震のタイプ		津波被害	死者・行方不明者数 [人]
西暦	元号			プレート境界	プレート内		
1872	明治5	浜田地震	7.1		○	○	約550
1891	明治24	濃尾地震	8.0		○		7273
1894	明治27	庄内地震	7.0		○		726
1896	明治29	明治三陸地震	8.2	○		○	21959
1896	明治29	陸羽地震	7.2		○		209
1923	大正12	関東地震	7.9	○		○	142807
1927	昭和2	北丹後地震	7.3		○	○	2925
1933	昭和8	昭和三陸地震	8.1		○	○	3008
1943	昭和18	鳥取地震	7.2		○		1083
1944	昭和19	東南海地震	7.9	○		○	998
1945	昭和20	三河地震	6.8		○	○	2306
1946	昭和21	南海地震	8.0	○		○	1432
1948	昭和23	福井地震	7.1		○		3848
1960	昭和35	チリ地震**	9.5	○		○	142
1964	昭和39	新潟地震	7.5		○	○	26
1968	昭和43	十勝沖地震	7.9	○		○	52
1978	昭和53	宮城県沖地震	7.4	○			28
1983	昭和58	日本海中部地震	7.7	○		○	104
1993	平成5	釧路沖地震	7.8		○		2
1993	平成5	北海道南西沖地震	7.8	○		○	230
1995	平成7	兵庫県南部地震	7.3		○		6437
2004	平成16	新潟県中越地震	6.8		○		68
2011	平成23	東北地方太平洋沖地震	9.0	○		○	19009*

[注]　*は, 平成24年3月12日現在. プレート境界, プレート内の区別は本章1.3節に示す.
　　　**は, 日本で発生したものではない.

生した関東地震で, 14万人以上が犠牲になっている. 明治以降の代表的な被害地震だけでも, 表1.1に示すとおり多数起きている. 被害地震とは, 地震のうち, 人間社会に大きな被害を生じた地震のことをいう.

なお, 大地震の場合, 地震の名称と災害の名称は表1.2のように別々に命名されることがある.

表1.2　地震名と震災名

発生年	地震名	震災名
1923	関東地震	関東大震災
1995	兵庫県南部地震	阪神・淡路大震災
2011	東北地方太平洋沖地震	東日本大震災

　地震の原因は，ほとんどが地球のプレートテクトニクス現象の結果であり，地球が活動している限り地震は発生し続ける．プレートテクトニクスとは，地球の表面が厚さ約 100 km ほどの何枚かの硬い岩盤で覆われており，アセノスフェアとよばれる粘性の低い層の上を運動していることをいう．この硬い岩盤をプレートとよび，プレートどうしが接している部分でエネルギーが蓄積し，あるときに解放されて地震が発生する（図 1.1, 1.2 参照）．プレート運動に終わりはなく，毎日エネルギーは蓄積し，地震の発生の可能性は日に日に高くなっていく．つまり，地震は終わりのない自然現象であり，このような危険な国土に住む私たちは，地震を受け入れていくしか方法がないのである．

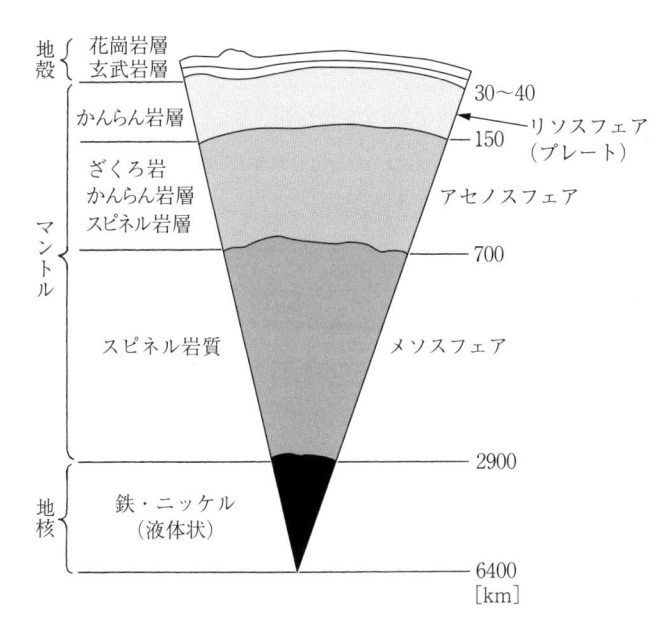

図1.1　地球の内部構造

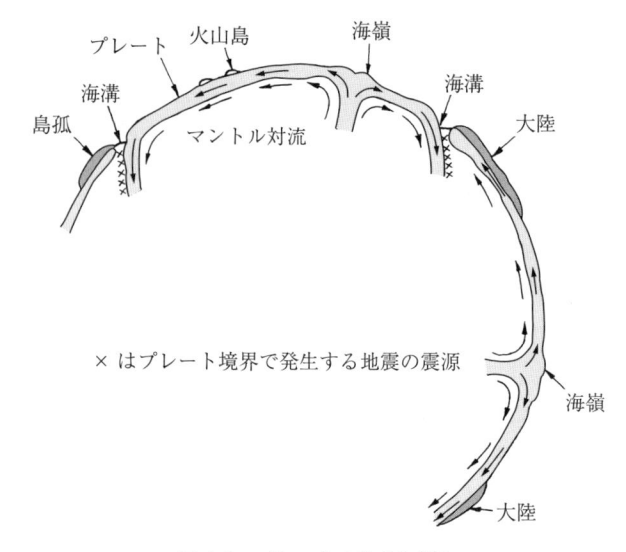

図1.2 プレートの生成と消失

1.2 世界の地震

　地震は日本だけで起こるのではない．近年では，2008年北京オリンピックの年に中国四川省で発生した四川大地震（$M\,8.0$）では，死者・行方不明者は8万7千人に達した．歴史上の記録で最も大きな人的被害を生じたのは，1556年1月23日に中国陝西省華県で発生した華県地震（$M\,8.0$）で，83万人以上が犠牲となった．ヨーロッパで史上最大の地震は，1775年11月1日にポルトガルで発生したマグニチュード8.5といわれるリスボン地震である．この地震では，大津波や大火災も発生して，リスボンは壊滅的な被害を受け，死者は数万人にのぼった．

　近代で最も犠牲者が多かったのは，1976年7月28日に中国河北省の唐山でマグニチュード7.8の唐山地震が発生し，24万人を超える犠牲者が出た．表1.3は，20世紀以降の世界のおもな地震を示している．

　さきに，日本で地震の発生が多いと述べたが，地震の発生は地域的に偏っている．近代文明の発祥の地であるヨーロッパは安定した地盤の上にあり，イタリア，ギリシアなどの南部を除くと，地震はほとんど発生しない地域である．ヨーロッパやアメリカ東部の橋を見ると，地震力をあまり考慮しないために細い橋脚で，日本のどっしりとした橋脚を見慣れている私たちには不安を感じるくらいである（図1.3参照）．

　地震発生の偏在理由は，プレートの地理的分布にある．図1.4は，1990～2000年の間に発生した地震の分布を世界地図にプロットしたものであるが，大部分はある決ま

表1.3 世界の大地震

発生年	マグニチュード	死者数 [万人]	国名	被害地域, 都市
1905	7.5	2	インド	カングラ
1907	7.2	1	ソ連	ウズベク, タジク
1908	7.0	11	イタリア	メッシナ
1915	6.9	3	イタリア	アベッツアノ
1920	8.6	20	中国	寧夏区海原
1927	7.9	8	中国	甘粛省古浪
1931	7.9	1	中国	新疆区
1934	8.3	1	インド	ビハール, ネパール
1935	7.6	6	パキスタン	クエッタ
1939	7.8	2.8	チリ	チャン
1939	7.8	3.3	トルコ	エルジンジャン
1948	7.3	2	ソ連	アシュハバード
1949	7.5	1.2	ソ連	タジク
1960	5.9	1.3	モロッコ	アガディール
1962	6.9	1.2	イラン	ボインザラ, カズビン
1968	7.1	1.5	イラン	ダシュトエバヤズ
1970	7.3	1.6	中国	雲南省
1970	7.6	6.7	ペルー	チンボテ
1976	7.5	2.3	グアテマラ	グアテマラ市
1976	7.8	24.3	中国	唐山
1978	7.2	1.8	イラン	タバス
1985	8.1	1	メキシコ	メキシコ市
1988	6.7	2.5	ソ連	アルメニア
1990	7.4	3.5	イラン	マンジル, ルドバー
2004	9.1	22	インドネシア	スマトラ島
2008	8.0	9	中国	四川省

った線状に分布しており，とくに日本の周辺に集中していることが読みとれる．日本の周辺には四つのプレート（北米プレート，ユーラシアプレート，フィリピン海プレート，太平洋プレート）があり，それらがぶつかり合うことで地震が発生する．したがって，プレート運動から離れているヨーロッパやアフリカ，オーストラリア，南北アメリカ東部には地震が少ない．先進国で地震が多いのは，日本，アメリカ，イタリアなどの南ヨーロッパ，およびニュージーランドなどである．

このため，ルネサンス以来文明の中心であったヨーロッパ先進国では，地震学への関心は低く研究は遅れていた．地震学が発展したのは明治以降の日本である．開国後

図1.3 シャルルドゴール空港の高架橋橋脚

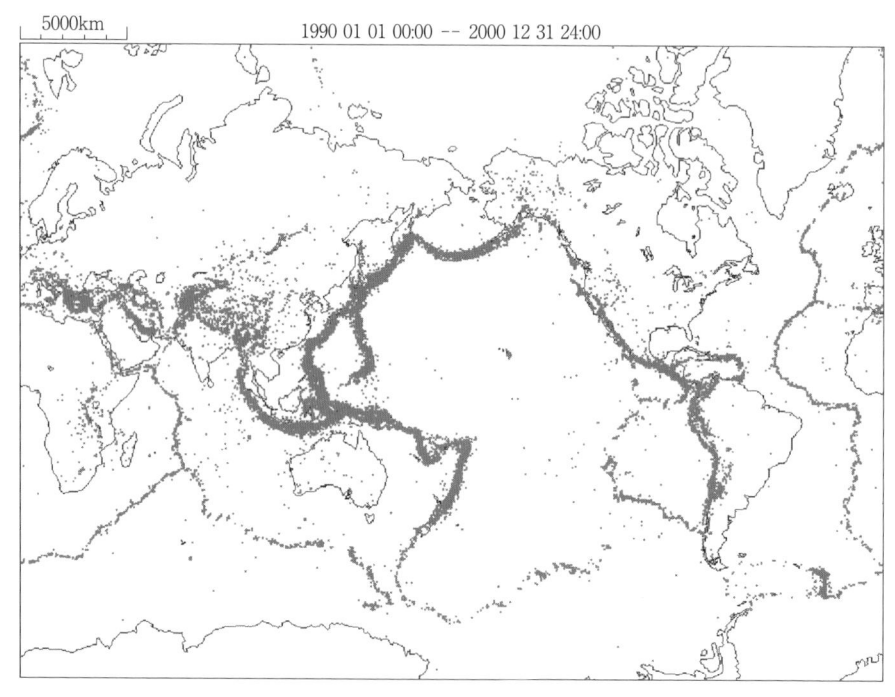

図1.4 世界の地震分布
($M\,4.0$ 以上，深さ $50\,\mathrm{km}$ 以下　1990〜2000年)[5]

の1880年2月22日に横浜で地震が起こり，煙突が倒れるなどの被害が出た．地震の規模はマグニチュード5.5と小さかったが，横浜には当時多数の外国人がおり，目のあたりにした地震に関心が高まった．これを契機に，明治政府のお雇い外国人であったイギリスのジョン・ミルンらが中心となって設立した日本地震学会が世界最初の地震学会である．

1.3 地震の原因

　わが国では，長い間，ナマズが地中で騒ぐため，地震が発生すると信じられてきた．江戸時代末期には，1855年（安政2年）の安政江戸地震などの大きな地震が立て続けに発生したので，ナマズを題材とした鯰絵が流行した．現在の研究では，地震は地中に蓄積されたエネルギーが，岩盤の急速なずれによって解放されるときに発生すると説明されている．エネルギー蓄積の原因のほとんどがプレート運動であるが，そのほか，火山活動によるもの，ダムの湛水によるものなどがある．なお，地震が発生することを発震といい，発震した場所を震源，震源の真上を震央という．震源はある広がりをもつのでそれを震源域という．大地震の場合，震源域の大きさは数十〜数百 kmにも達する．2011年の東北地方太平洋沖地震では，500 × 200 km という東北地方がすっぽり入るほどの広大な震源域であった．地震は，その発生場所により，主としてプレート境界で発生する地震と，プレート内で発生する地震の2種類に分類される．

1.3.1 プレート境界で発生する地震

　プレート境界で発生する地震は，プレートとよばれる厚さ100 kmほどの地球を覆う硬い岩盤の沈み込み運動によって生じる．わが国は，北米プレート，ユーラシアプレート，フィリピン海プレート，太平洋プレートの4枚のプレートがせめぎ合う場所に位置している（図1.5参照）．これらのプレートは，年間数センチメートルのごくゆっくりとした割合で移動しており，たとえばフィリピン海プレートは，ユーラシアプレートの下に沈み込んでいる．沈み込むプレートは，上のプレートとしばらく付着したまま移動して，岩盤にひずみエネルギーが蓄積されていくが，ある時点になるとそのひずみが限界に達し，岩盤どうしが急激にずれることによって，エネルギーを解放して地震が発生する（図1.6参照）．最近の研究によれば，プレートどうしの固着度が場所により一様でないことが明らかになっている．固着度の低い領域では，急激なずれを生じず，大きな地震を発生させることなくゆっくりとすべるが，固着度の高い領域（アスペリティ）では，ひずみが限界まで蓄積して解放され，大きな地震を発生させる．プレートの沈み込む位置に海溝やトラフ（深さ6000 m以下の細長い海底盆地）が形成されるので，海溝型地震ともよばれている．このタイプの地震はしばしば巨大になり，津波をもたらすことが多い．2004年のスマトラ島沖地震や，2011年の東北地方太平洋沖地震などがプレート境界で発生した地震である．

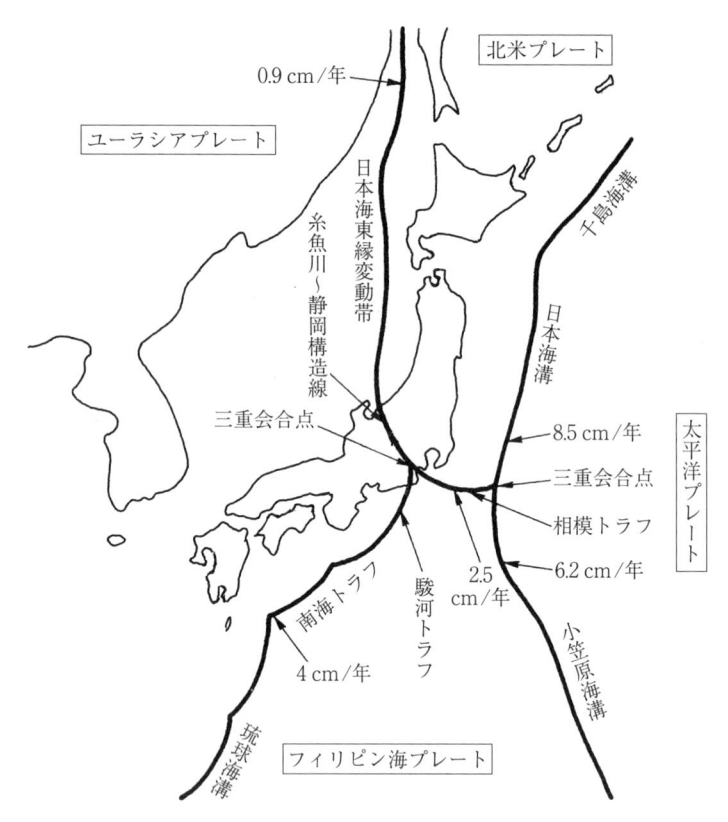

図1.5 日本周辺のプレートとプレート境界[2)]
（数字は移動速度）

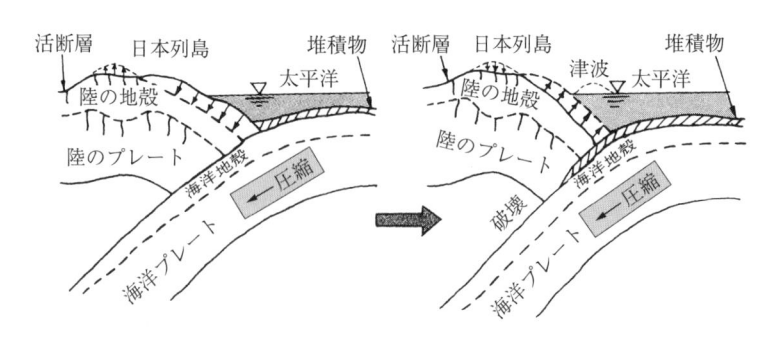

図1.6 プレート境界での地震の発生メカニズム[2)]

1.3.2 プレート内で発生する地震

　プレートの相互作用を受けて，プレート内でもエネルギーの蓄積が発生する．その結果，ある程度エネルギーが蓄積すると岩盤内の摩擦力では抑えられなくなり，岩盤

が急激にずれて断層を発生させ，地震が生じる．

　プレート境界の地震と異なり，プレート内の地震はしばしば都市の直下で発生することがある．したがって，このタイプの地震はいわゆる直下型地震ともよばれている．直下型かどうかは人間が震源の上に住んでいるかどうかで決まり，地震学的な意味はない．最近では，1995 年の兵庫県南部地震や，2004 年の新潟県中越地震がプレート内で発生した地震である．このタイプの地震は，マグニチュードがあまり大きくなくても人間の住んでいる地域の近くで発生するため，大きな被害をもたらすことが多い．

　海溝部より外側のプレート内で発生する地震をアウターライズ地震という．アウターライズ地震は，陸地から離れたところが震源となるので陸地の震度は小さいが，大きな津波を引き起こすことがあるので注意が必要である．

1.3.3　その他の地震

　プレート運動以外で生じる地震には，次のようなものがある．

（1）火山性地震

　火山の活動でマグマが動いて，発生する地震を火山性地震（火山地震）という．火山性地震のメカニズムはプレート運動によるものとは異なると考えられている．

（2）誘発性地震

　大規模なダムに貯水すると，その水の重さと間げき水圧の上昇で地下の岩盤の応力状態が変化し，地震が誘発されることがある．同様に，深井戸に水を注入すると地震が発生することがある．このような地震を誘発性地震という．一般には，誘発性地震の規模は小さい．

（3）人工地震

　地下での大規模な核実験など，人工的な爆発によるエネルギーにより地震が起こる．その地震が引き金になり新たな地震が発生することもある．このような地震を人工地震という．この性質を利用して，地下核実験の監視には地震観測技術が応用されている．

1.4　地震の尺度

1.4.1　マグニチュードと震度の関係

　地震が大きいか小さいかを判断するには，地震のスケールが必要である．地震を表すスケールは大きく分けて二通りあり，地震そのものの規模を表す「マグニチュード」と，ある地点での地震動による揺れの強さを表す「震度」がある．地震の尺度に二通りの表現があるのは混乱するが，電球のワット数とある地点の明るさ（ルクス）

と考えると理解しやすい．ワット数が大きいと明るくなるが，光源から離れるとだんだんと暗くなる．逆に，ワット数が小さくても光源に近ければ明るくなる．このように，ワット数に相当するのがマグニチュードで，明るさに相当するのが震度である．

　地震は波動の伝ぱ（播）であるが，震源から離れると波動は減衰するので，大きな地震でも観測点が震源から遠ければ地震動は小さいが，小さい地震でも震源の近くでは大きな地震動となる．したがって，光源と同様に震源の規模を表すスケールと，ある地点での地震動の強さを表すスケールの二通りが必要なのである（図1.7参照）．

図1.7　マグニチュードと震度の関係
（電球の大きさ：マグニチュード，ある地点の明るさ：震度）

1.4.2　マグニチュード

　地震そのものの規模を表すには，物理的に発生したエネルギー量が最も適当な尺度と考えられるが，測定や計算が難しい．このため，簡易な測定による指標が工夫されている．

　マグニチュードは，アメリカの地震学者チャールズ・リヒター（Richter C. F.）が1935年に最初に考案した地震の尺度で，震央から100 km離れた地点に置かれたウッド-アンダーソン（Wood-Anderson）式という光学式の地震計（固有周期 $T_0 = 0.8\,s$，減衰定数 $h = 0.8$，基本倍率 $V = 2800$ 倍，水平動）の記録紙上の最大片振幅 A をミクロン単位で測り，その常用対数をマグニチュード M と定義した（図1.8参照）．これは，カリフォルニアの浅い近地地震（震央までの距離 $\Delta \leqq 600\,km$）に対して定義

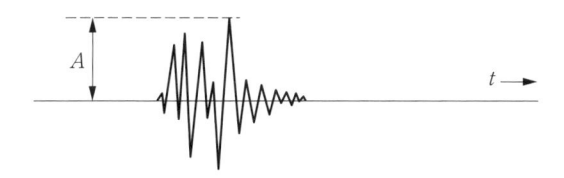

$M = \log A + \log B$（距離の補正項）
A：地震計で記録した地震波の最大片振幅 [μm]
図1.8　マグニチュードの定義

されたもので，ローカルマグニチュード M_L とよばれることがある．もし，振幅が1 mm ならば $1000\,\mu$m であるので $\log 1000 = 3$ であり，マグニチュード3となる．ただし，必ず震央から100 km の地点に地震計があるとは限らないので，距離により次式によって補正を行って計算する．

$$M = \log A + \log B \tag{1.1}$$

ここで，A：地震計で記録した地震波の最大片振幅 [μm]，$\log B$：地震波の減衰を考慮するための補正項で，震央距離の関数である．基準の震央距離100 km でゼロとなるように決められている（表1.4参照）．

なお，マグニチュード M と地震のエネルギー E [J]（ジュール）の間には，

$$\log E = 1.5\,M + 4.8 \tag{1.2}$$

というおおよその関係がある．この式 (1.2) から，マグニチュード M が1大きくなるとエネルギーは $10^{1.5} \fallingdotseq 32$ 倍になり，2大きくなると $10^3 = 1000$ 倍になることがわかる．

その後，マグニチュードの決め方について別の提案がなされ，リヒターのマグニチュードのほかに，目的に応じて各種のマグニチュードが用いられている．たとえば，比較的浅いところで発生した地震に対しては表面波マグニチュード M_S が，深発地震に対しては実体波マグニチュード m_b が用いられている．

実際に，わが国で用いられているのは気象庁で採用されているマグニチュードで，次式に示す坪井の式を用いている（震源の深さが60 km 以下の場合）．

$$M = \log A + 1.73 \log \Delta - 0.83 \tag{1.3}$$

ここで，A：中周期変位型地震計による地動最大片振幅

表1.4　補正項 $\log B$ の値

震央距離 [km]	$\log B$
30	-0.90
40	-0.57
50	-0.37
60	-0.23
80	-0.10
100	0.00
120	0.12
140	0.23
160	0.32
180	0.43
200	0.53
250	0.79
300	1.02
350	1.26
400	1.46
500	1.74
550	1.84
600	1.94

（周期5秒以下，水平動2成分合成値）[μm], Δ：震央からの距離 [km].

これらのマグニチュードは，いずれも地震計の振れの最大値から計算するものであるが，地震の規模が $M7$（m_b の場合），$M8.5$（M_S の場合）以上と大きくなると，上記方式のマグニチュードでは頭打ちになり大きな値を表現できなくなる．このため，地震モーメント M_0 を用いたモーメントマグニチュード M_W が提唱されている．地震モーメントとは，断層運動としての地震の大きさを表す指標で，次式で表される．

$$M_0 = \mu DS \tag{1.4}$$

ここで，μ：地震の起こった場所の剛性率 [N/m^2]，D：震源断層の平均変位量 [m]，S：震源断層の面積 [m^2]．

モーメントマグニチュードは，

$$M_W = \frac{\log M_0 - 9.1}{1.5} \tag{1.5}$$

と表される．モーメントマグニチュードでは頭打ち現象は表れないため，大きな地震は M_W で表されることが多い．種々のマグニチュードは，本来は同じ地震に対して同じ値が得られるように開発されたが，実際には，方式によってかなり系統的な差が表れる．

マグニチュード M は，理論的にはマイナスからプラスまでいかなる値もとることができるが，現在のところ，9.5を超える地震は知られていない．また，マイナス2程度より小さい地震を検知することは技術上難しい．わが国では，表1.5のように地震の大きさを6段階に分類している．これまで知られている最大の地震は，太平洋を越えて，わが国に甚大な津波被害を与えた，1960年5月22日に南米チリで発生した $M_W 9.5$ の巨大地震である．この地震で動いた断層の大きさは 800×200 km という巨大なものであった．

このほか，地震の規模が大きいと地震動継続時間も長いことから，地震動継続時間から求めるマグニチュードも次の式で提案されている．

$$M = C_0 + C_1 \log T_d + C_2 \Delta \tag{1.6}$$

表1.5　地震の大きさの分類

地震の分類	マグニチュード M
巨大地震	$8 \leq M$
大地震	$7 \leq M < 8$
中地震	$5 \leq M < 7$
小地震	$3 \leq M < 5$
微小地震	$1 \leq M < 3$
極微小地震	$1 > M$

ここで，M：マグニチュード，C_0, C_1, C_2：定数，T_d：継続時間 [s]，Δ：震央からの距離 [km]．

継続時間で測定するメリットは，振幅で測定しないので巨大地震で地震計の振動が頭打ちになったり，振り切れたりしても測定できることである．

なお，以下の本文中のマグニチュードは，断りのないものは気象庁の採用しているマグニチュードを示し，モーメントマグニチュードで示されている地震は M_W と示す．

1.4.3 震 度
(1) 震度とその制定の経緯
　震度（震度階級）は，ある地点での地震動の強さを分類したものであり，わが国では，1996年の改定までは人間の感覚にもとづいて決定していた．実際の震度の測定は，気象庁の気象台などにおいて測定するものであるから，厳密には，震度は測定地域全体を代表するものではなく，気象庁各官署などにおける値であるので，地形や地盤により同じ地域でも震度が異なることはまれではない．

　わが国では，1884年に関谷清景が「微」「弱」「強」「烈」の4段階に分類したのが震度のはじまりである．その後，1898年に中央気象台はこれをもとに「微震（感覚ナシ）」から「烈震」まで，7段階に分類して制定した．1908年には，「微震（感覚ナシ）」を「無感覚地震」と改称して説明文を定めた．1936年には「弱震（震度弱き方）」を「軽震」に，「強震（震度弱き方）」を「中震」と改め，説明文を改定した．その後，1948年の福井地震を契機に「激震」が追加され，1949年から震度0～7までの8階級に分類していた．1995年の兵庫県南部地震を契機に，さらに震度5と6が「強」，「弱」に分かれ，1996年からは10階級に分類されている（表1.6, 1.7参照）．表1.7から明らかなように，震度4を超えると何らかの被害が出ると考えてよい．

(2) 1996年改定の特徴
　1996年の改定で大きく変わったのは，階級を増やしただけでなく，震度を地震動の加速度波形の観測データから算出した，計測震度の値によって定義したことである．改定の背景には，前述のように従来の震度は体感によって判断したり，建物の倒壊率で定義していたが，体感では個人差があったり，倒壊率では建物の耐震性によって異なるため客観性に欠ける点があった．新しい震度ではこれを改め，定量的，客観的に震度を決定することができるようになった．

　計測震度 I は，地震動の強さを表す指標として，水平動2成分と上下動の直交3成分の加速度のベクトル合成値をもとにして，加速度の大きさとともに地震動の周期特性と継続時間も考慮して次式で算出する．

$$I = 2 \cdot \log(a_0) + 0.94 \tag{1.7}$$

表 1.6 気象庁震度階級の推移

制定年	1884	1898	1908	1936	1949	1996
階級数	4	7	7	7	8	10
階級名	－	微震（感覚なし）	無感覚地震	無 感	無 感	震度 0
	微	微 震	微 震	微 震	微 震	震度 1
	弱	弱震（震度弱き方）	弱震（震度弱き方）	軽 震	軽 震	震度 2
		弱 震	弱 震	弱 震	弱 震	震度 3
	強	強震（震度弱き方）	強震（震度弱き方）	中 震	中 震	震度 4
	烈	強 震	強 震	強 震	強 震	震度 5 弱
						震度 5 強
		烈 震	烈 震	烈 震	烈 震	震度 6 弱
						震度 6 強
					激 震	震度 7
備 考			説明文制定	説明文改定		客観値に変更

ここで，a_0：地震動の周期特性および継続時間を考慮した加速度の大きさを代表する数値［cm/s^2］[注1]．

この計測震度の値から震度が決定されるが，たとえば，I が 3.5 以上 4.5 未満は震度 4 とする．また，4.5 以上 5.0 未満は震度 5 弱，5.0 以上 5.5 未満は震度 5 強とする．I が 6.5 以上の場合はすべて震度 7 と定義されている．

また，この改正にともない現在では合わない説明文の表現も変更された．前回の制定は 1949 年であったので古い表現が多くみられた．たとえば，震度 2，3 で登場した「戸障子」や震度 5 で登場した「石灯籠」などは現在ではほとんど使われていない．

さきに述べたように，1996 年以降では地震動から計算できる計測震度で震度を決定するようになったが，震度と実際の被害とにずれが生じることが報告されている．計測震度は若干インフレ気味で，たとえば東北地方太平洋沖地震では，宮城県栗原市で最大階級である震度 7 が計測されたが建物の被害は少なかった．なお，このような震度と被害との整合性の観点から，気象庁は，2009 年に震度階級関連解説表の記述を修正している．

（3）海外の震度

（2）項で述べた方法はわが国独自のものであり，海外では 1～12 までの 12 分類がよく使われている．そのため，海外の震度を聞くと大きいので驚くことがあるが，これは尺度が違っているからである．海外の震度階級も大きく分けて MM 震度階級（改正メルカリ震度階級：modified Mercalli seismic intensity scale）と，提案者で

[注1] a_0 の算出方法は，複雑なので省略するが，「震度階級を定めた気象庁告示」（平成 8 年 2 月 15 日）に記載されている．

1.4 地震の尺度

表1.7 気象庁震度階級関連解説表

震度階級	人の体感・行動	屋内の状況	屋外の状況
0	人は揺れを感じないが，地震計には記録される．	—	—
1	屋内で静かにしている人のなかには，揺れをわずかに感じる人がいる．	—	—
2	屋内で静かにしている人の大半が，揺れを感じる．眠っている人のなかには，目をさます人もいる．	電灯などのつり下げ物が，わずかに揺れる．	—
3	屋内にいる人のほとんどが，揺れを感じる．歩いている人のなかには，揺れを感じる人もいる．眠っている人の大半が，目をさます．	棚にある食器類が音を立てることがある．	電線が少し揺れる．
4	ほとんどの人が驚く．歩いている人のほとんどが，揺れを感じる．眠っている人のほとんどが，目をさます．	電灯などのつり下げ物は大きく揺れ，棚にある食器類は音を立てる．座りのわるい置物が，倒れることがある．	電線が大きく揺れる．自動車を運転していて，揺れに気づく人がいる．
5弱	大半の人が，恐怖を覚え，ものにつかまりたいと感じる．	電灯などのつり下げ物は激しく揺れ，棚にある食器類，書棚の本が落ちることがある．座りのわるい置物の大半が倒れる．固定していない家具が移動することがあり，不安定なものは倒れることがある．	まれに窓ガラスが割れて落ちることがある．電柱が揺れるのがわかる．道路に被害が生じることがある．
5強	大半の人が，ものにつかまらないと歩くことが難しいなど，行動に支障を感じる．	棚にある食器類や書棚の本で，落ちるものが多くなる．テレビが台から落ちることがある．固定していない家具が倒れることがある．	窓ガラスが割れて落ちることがある．補強されていないブロック塀が崩れることがある．据付けが不十分な自動販売機が倒れることがある．自動車の運転が困難となり，停止する車もある．
6弱	立っていることが困難になる．	固定していない家具の大半が移動し，倒れるものもある．ドアが開かなくなることがある．	壁のタイルや窓ガラスが破損，落下することがある．
6強	立っていることができず，はわないと動くことができない．揺れにほんろうされ，動くこともできず，飛ばされることもある．	固定していない家具のほとんどが移動し，倒れるものが多くなる．	壁のタイルや窓ガラスが破損，落下する建物が多くなる．補強されていないブロック塀のほとんどが崩れる．
7		固定していない家具のほとんどが移動したり倒れたりし，飛ぶこともある．	壁のタイルや窓ガラスが破損，落下する建物がさらに多くなる．補強されているブロック塀も破損するものがある．

あるメドヴェーデフ（Medvedev, S. V.），シュポンホイアー（Sponheuer, W），カルニク（Karnik, V.）の頭文字をとった MSK 震度階級の2種類に分けられるが，震度階級はまだ世界的には統一されていない．その理由としては，震度が人間の感覚に頼っており，国によって定義の仕方が習慣や生活になじまない場合があるからである．参考までに，MSK 震度階級を表 1.8 に示す．

1.5 余震特性

地震は，ある特定の地域にある期間に何度も発生する．このような一群の地震のうち，最もマグニチュードの大きい地震が本震であり，それに引き続いて起こる地震を，一般に余震とよぶ．本震のまえに発生する本震よりも小さい地震を前震という．余震は，被害を拡大させるとともに，被災地の復旧活動にも大きく影響する．

近年のおもな内陸直下型地震と海溝型地震の余震発生回数の時間的変化を比較したものが，図 1.9 および図 1.10 である．本震直後に多くの余震が発生する傾向があるが，発生回数は地震ごとに大きく異なる．内陸地震では，新潟県中越地震が近年の地震では最も余震活動が活発で，余震により本震の被害が拡大し，緊急活動の障害にもなった．また，海溝型地震では，マグニチュード 9.0 の東北地方太平洋沖地震が従来の地震に比較して，3倍以上多くなっている．図 1.11 は，東北地方太平洋沖地震の余震の発生状況を示したものであるが，長さ 500 km，幅 200 km に及ぶ非常に広範囲で余震が発生するとともに，最大余震はマグニチュード 7.7 と非常に大きい．

一連の余震のなかで，被災地の避難や復旧に最も大きな影響を与えるのは，最大余震である．過去の代表的な地震について，本震と最大余震のマグニチュードの関係を調べてみると，地震ごとにかなり変化し，ばらつきが大きいが，平均的には，最大余震のマグニチュードは本震のマグニチュードから 1 を引いた程度となっている．

一般に，余震の大きさは本震と比べて，エネルギーはけた違いに小さい．また，多くの場合，本震から数日以内に発生する．単位時間あたりの余震の回数は時間とともに減少し，おおむね次の式に従う．

$$n(t) = \frac{K}{t+c} \tag{1.8}$$

ここで，$n(t)$：単位時間あたりの余震の回数，t：本震発生後の時間，K，c：定数．

式（1.8）は，大森房吉によって 1894 年に表され，余震に関する大森公式とよばれている．

表 1.8　MSK 震度階級（1964 年）[6]

階　級		説　明
I	無　感	a）地震動の強さは人体感覚の限界以下．地震動は地震計によってのみ検知される．
II	ほとんど感じない（極軽）	a）地震動は家のなかで静止している人，とくに建物の上階にいる人に感じる．
III	弱，部分的に観測される	a）地震動は室内では少数の人に感じられ，戸外では条件のよい場合のみ感じる．振動は軽トラックが通過したときに似ている．注意深い観測者にはつり下げ物がかすかに揺れているのが認められ，上階の人はもっと大きく揺れ動くのに気がつく．
IV	大部分の人がわかる	a）地震動は室内の多くの人に，戸外の少数の人に感じる．目をさます人がいる．しかし，だれもこわがらない．振動はちょうど重い荷物を積んだトラックが通るのに似ている．窓や戸，皿などがカタカタ音をたてる．床と壁がきしむ．家具は振動しはじめる．つり下げ物はかすかに揺れる．容器内の液体がかすかに擾乱する．停止している自動車内で振動がわかる．
V	目をさます	a）地震動は室内のすべての人に，戸外の多くの人に感じる．眠っている人の多くは目がさめる．少数の人は室外に走り出る．動物は不安がる．建物はゆらゆら揺れる．つり下げ物はかなり揺れる．額縁は壁にぶつかったり，はずれたりする．振り子時計が止まることがある．不安定な物体が転倒したり移動したりすることがある．開き戸，窓は急に開いたり閉じたりする．容器にいっぱい入った液体が少しこぼれる．振動の感じは，建物のなかで重い物が落ちたような感じ． b）A 型の建物に 1 程度の軽い被害が起こる． c）ときとして泉の流れに変化が起こる．　　　　　　　　　　（12～25 cm/s^2）
VI	恐　怖	a）室内でも戸外でもほとんどの人が感じる．建物のなかにいる多くの人はおそれて外に飛び出す．少数の人は平衡を失う．家畜は畜舎から飛び出す．少数例として皿やガラス器具が破損し，本が落ちる．重い家具でも動くものがあり，尖塔の小さい鐘が鳴る． b）B 型の一部の建物や A 型の多くの建物に 1 程度の，A 型の建物の少数に 2 程度の被害． c）わずかな例として湿地帯で 1 cm 幅程度の割れ目ができたり，山ではときとして地すべり．泉の流れ，井戸の水位の変化がみられる． 　　　　　　　　　　　　　　　　　　　　　　　　　　　　（25～50 cm/s^2）
VII	一部の建物に被害	a）たいがいの人はおそれて外に飛び出す．多くの人は立っているのが困難となる．自動車を運転している人にも振動が感じられる．大きな鐘が鳴る． b）C 型の建物の多くに 1 程度の被害，B 型の建物の多くに 2 程度の被害，A 型の建物の多くに 3 程度，少数に 4 程度の被害が起こる．少数例では急な斜面の地すべり，道路に地割れ，導管の継ぎ目に被害，石壁に割れ目． c）水面に波が生じる．水は泥で濁る．井戸の水位が変わり，泉の流れが変わる．少数例ではあるが，かわいた泉に流れが復活したり，流れている泉が止まったりする．ときとして砂礫づくりの堤防の一部が崩れる． 　　　　　　　　　　　　　　　　　　　　　　　　　　　　（50～100 cm/s^2）

表 1.8 MSK 震度階級（1964 年）[6]（つづき）

階級	説明
Ⅷ 一部の建物に破壊	a）恐怖と恐慌．自動車を運転している人がとまどう．ほうぼうで木の枝が折れる．重い家具が動き，一部は転倒する．つり下げランプは一部壊れる． b）C型の建物の多くに2程度，少数に3程度の被害．B型の建物の多くに3程度の被害，またA型の建物の多くに4程度の被害．ときとしては導管の継ぎ目が壊れる．記念碑などが動いたり回転したりする．墓石は転倒し，石壁は崩れる． c）谷間に小さな地すべりや堤防の上の道路に地割れ．地面に数cm幅のひびがはいる．湖水が混濁する．新しいため池ができる．かれた井戸に水が湧き，また反対に井戸水がかれる．水量や水位が変わることが多い． $(100 \sim 200 \text{ cm/s}^2)$
Ⅸ 建物一般に被害	a）一般に恐慌状態．家具に相当の被害，動物は混乱して叫び，あちこち走りまわる． b）C型建物の多くに3程度，少数に4程度の被害．B型建物の多くに4程度，少数に5程度の被害．A型の多くの建物に5程度の被害．記念碑や石柱は倒れ，貯水池にかなりの被害，埋設管の一部に被害，一部の鉄道のレールが曲がり道路に被害． c）平地では地下水があふれ出し，砂，泥の噴出がみられる．地割れが幅10 cmまで，斜面や川の土手では10 cm以上，さらに無数の小さな割れ目，落石，多くの地すべりや小規模な山津波，水の上に大波，かれた泉に流れが復活し，現在の泉がかれたりする．$(200 \sim 400 \text{ cm/s}^2)$
Ⅹ 建物一般に破壊	b）C型の多くの建物に4程度，少数に5程度の被害．B型の多くの建物に5程度，A型のほとんどに5程度の被害．ダムや堤防に致命的な被害，橋に重大被害．鉄道のレールは軽度に曲がる．埋設管は破壊するか曲がる．舗装された道路またはアスファルト道路が，波打つのが見える． c）地面に幅数cm，ときとして1 mに及ぶ地割れ．川の流れに平行に幅広い地割れが走る．弱い土地が急斜面をすべる．川の堤防や急な海岸ではかなりの地すべりがある．海岸地域で砂や泥が移動する．井戸の水位が変わる．水路，湖，河川などの水が地上に打ち上げられ，新しい沼ができたりする．$(400 \sim 800 \text{ cm/s}^2)$
Ⅺ 大災害	b）よくできている建物，橋，ダム，鉄道にも重大な被害．道路は役に立たなくなる．埋設管は破壊される． c）地面は広い割れ目や地割れ，また上下の動きによってかなり変形する．多くの地すべりや山崩れが起こる． 　地震動の強さを特別に調査する必要がある．
Ⅻ 景色が変わる	b）地上，地下にあるすべての建造物が，大被害を受けるか破壊する． c）地表面はまったく変わる．上下，水平に移動した大きな割れ目がみられる．落石や河川堤防の崩壊はいたるところ．湖はせき止められ，滝が現れ，川の流れが変わる． 　地震動の強さを特別に調査する必要がある．

表 1.8　MSK 震度階級（1964 年）[6]（つづき）

震度判定の対照物，被害の程度などの定義
1）建造物の構造
　　構造 A：自然石造り，田舎屋構造，アドベ家屋（日干しれんが造りの家），粘土家屋.
　　　　B：普通れんが造り，大型ブロックやプレハブ造り，半木造，自然石荒けずり造り.
　　　　C：鉄筋造り，よくできた木造家屋.
2）量の定義
　　少数，一部：5%　　多く：50%　　ほとんど：75%
3）建物被害の分類

階級	定義と解説
1	軽被害：しっくいに細かいき裂． 　　　　しっくいの小片が落ちる．
2	中被害：壁に小さなき裂． 　　　　しっくいのかなり大きな部分が落ちる． 　　　　曲瓦（桟瓦）がすべり落ちる． 　　　　煙突にひび割れ． 　　　　煙突の一部が落ちる．
3	重被害：壁に大きくて深いき裂． 　　　　煙突倒壊．
4	破壊：壁にすき間． 　　　建物の一部崩壊． 　　　建物の分かれた部分がばらばらになる． 　　　枠のなかの壁，なかにつめた壁が崩壊する．
5	全壊：建物の全壊

4）記述の並べ方
　　a）：人間と周囲の状況
　　b）：建物，構造物
　　c）：自然

[注]　気象庁，地震観測指針「参考編」による．ただし，一部表現を改めている．

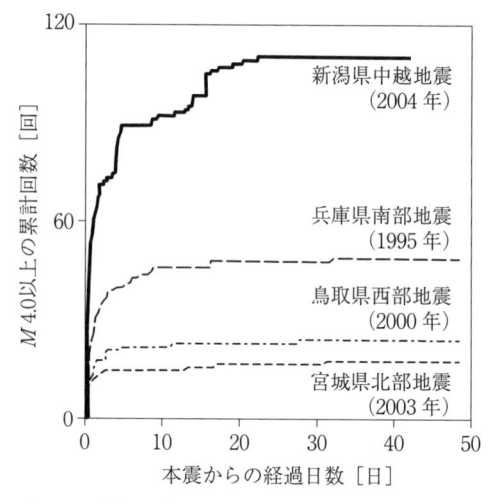

図1.9 内陸で発生したおもな地震の余震回数比較（本震を含む）（マグニチュード4.0以上）[7]

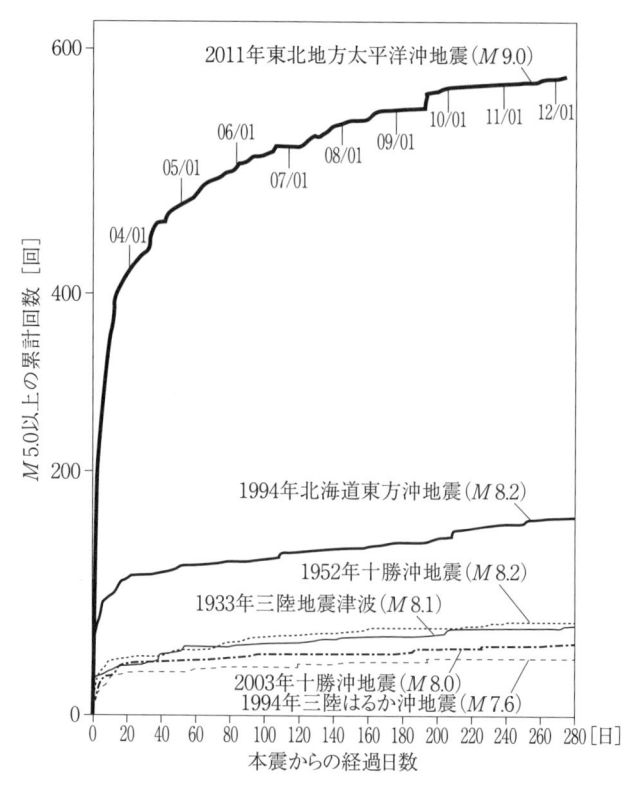

図1.10 海域で発生したおもな地震の余震回数比較（本震を含む）（マグニチュード5.0以上）[8]

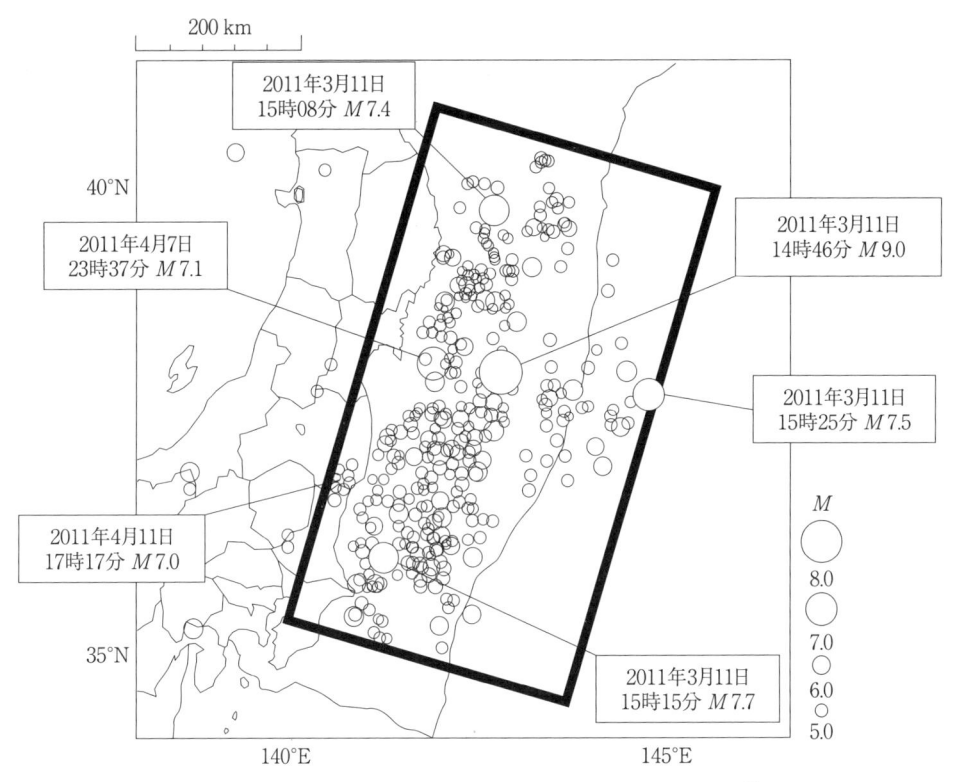

図 1.11　東北地方太平洋沖地震（$M\,9.0$）の余震の発生領域[9]

Coffee Break

■ 震度 7 に耐えられる？

　気象庁震度階の最大階級は震度 7 である．兵庫県南部地震ではじめて適用され，東北地方太平洋沖地震でも観測された．これを用いて住宅の広告で地震に強い家として，ときとして震度 7 に耐えられる住宅との表現があるが，これは正しいだろうか．答えは否である．震度 7 はあるレベル以上の揺れを示しており，上限がない．無限大の揺れにも耐えられるというのは矛盾している．震度 7 を使うなら，○○地震で計測された震度 7 に耐えられる住宅という表現が正しい．

演習問題 [1] （解答のヒントは森北出版ホームページ参照のこと）

1.1 ある一定の地域で一定期間に起こった地震の頻度は M が小さいほど大きく，
$$\log n(M) = a - bM \quad (n(M)：マグニチュードが M の地震の数，a, b：定数)$$
の関係があるとされている（グーテンベルク-リヒターの関係）．表1.9 は，1961 年から 1991 年までに日本および周辺で起こった $M5$ 以上の地震の数を示している．この表を用いてグーテンベルク-リヒターの関係が成立していることを確かめよ．

表1.9 マグニチュードと地震数（1961〜1991年）[10]

M	5.0	5.1	5.2	5.3	5.4	5.5	5.6	5.7	5.8	5.9
地震数	520	471	384	313	254	237	164	175	133	100
M	6.0	6.1	6.2	6.3	6.4	6.5	6.6	6.7	6.8	6.9
地震数	84	64	49	34	33	23	27	21	14	11
M	7.0	7.1	7.2	7.3	7.4	7.5	7.6	7.7	7.8	7.9
地震数	13	10	5	2	2	3	3	3	2	2
M	8.0	8.1								
地震数	0	1								

1.2 地震の起こった季節（月）と時間を調べ，季節（月）や時間と地震の発生との関係があるかどうかを調べよ．

第2章 地震予知

　地震は突然発生するように思えるが，いつ，どこで，どのくらいの大きさで発生するかを事前に知ることができれば，被害は大きく減少できるであろう．このために地震予知の実現は期待されてきているが，現実にはさまざまな問題が横たわる．ここでは，地震の予知の歴史，現状，課題などについて述べる．

2.1 地震予知の歴史と現状

2.1.1 地震予知と歴史

　地震は，ほとんど何の前触れもなく突然襲ってくる．この点は台風などほかの自然災害と異なる点でもあり，地震対策を難しくしている大きな原因でもある．もし，地震が台風などのようにいつどこで発生（上陸）するのか，どのくらいの大きさなのかが事前に予知できれば，少なくとも避難や対策の時間をつくることができ，建物やインフラなどの財産は別として，人命の犠牲を減少させることができるはずである．

　このため，古くから地震予知の試みが行われてきた．多くは特徴的な雲の発生や地鳴りなどの音の異常，井戸水位の変化，ナマズの活動など，自然現象や動物の異常行動が地震の前兆現象とされてきた．日本書紀には，天武7年（679年）に花鶏（あとり）（スズメ科の鳥）が天を覆って移動したあとに地震が起こったと記されている．また，信州松代藩士で江戸時代末期の思想家・洋学者の佐久間象山（1811～1864年）は，安政江戸地震（1855年 $M\,6.9$）に触発されて磁石を利用した地震予知器を作成している．佐久間象山の地震予知器は，当時，地震が起こる直前に磁力が弱まるという説があったので，それを応用したものである．

　ただし，地震予知は現在でもなお困難である．地震予知が成功したとされる数少ない例として，1975年2月4日に中国遼寧省海城で発生した海城地震（$M\,7.2$）がある．この地震は発生の5年前から予知され，直前の前兆現象から地震発生の数時間前に予知されたため住民が避難し，建物は多数倒壊したが人命の犠牲を少数にとどめることができた．ところが，翌年の中国河北省唐山で発生した唐山地震（$M\,7.8$）は予知が

できず，24万人もの犠牲者を出している．

地震予知には，①地震の時期，②場所，③大きさの3要素の情報が不可欠である．予知にはタイムスケールによる分類が必要で，短期，中期，長期に分けることが多い．短期をさらに分けて直前予知を設ける研究者もいる．一般的なタイムスケールの分類を表2.1に示す．

防災上は短期的な予知が重要であるが，まちづくりや構造物の設計などの対策には，中期的〜長期的な予知が役立つ．なお，用語では，予知と予測が使われることがあるが，両者の違いは明確ではなく，ここでは予知に統一して記述する．

表2.1 地震予知の分類と手法

分類	タイムスケール	手法
長期的予知	数百年〜数十年	地震発生履歴から統計的に予知
中期的予知	数十年〜数箇月	観測データと物理モデルのシミュレーションによる予知
短期的予知	数箇月〜数時間	前兆現象による予知

2.1.2 わが国における近代の地震予知の歴史

わが国における近代の地震予知は，1891年の濃尾地震（$M\,8.0$）の翌年に明治政府が設立した「震災予防調査会」が発端である．この調査会では，地震災害を予防できる手段の調査として，地震予知の可能性と，いったん起こった地震による災害を最小にする計画が目的とされた．理学から工学に至るまでの広い範囲の調査が提案された．しかし，1923年の関東地震（$M\,7.9$）で有効な対策が打ち出せなかったとの批判があり，この調査会は1925年に終了し，その活動は同年に設立された東京大学地震研究所に引き継がれた．

戦後の地震予知研究は，有志の「地震予知計画研究グループ」が1962年1月に「地震予知―現状とその推進計画」（通称，地震予知のブループリント）を公表したことからはじまっている．これが端緒となり，1965年度から国のプロジェクトとして地震予知の研究・観測がスタートした．1968年5月の十勝沖地震（$M\,7.9$）の災害を受け，政府では「地震予知の推進に関する計画の実施について」を建議した．1969年4月には，地震予知関係機関が地震予知のデータの交換や専門的な判断を行う「地震予知連絡会」が発足した．その後，東海地震説（本章の Coffee Break 参照）がきっかけとなり，1976年10月，内閣に地震予知推進本部が設置された．

東海地震説に対応して，1978年12月には大規模地震対策特別措置法が施行され，1979年8月に東海地域が地震防災対策強化地域に指定された．これを受けて，地震防

災対策強化地域判定会が気象庁に設置された.

ところが，1995年に発生した兵庫県南部地震（$M7.3$）は，まったく予知することができなかった．この反省から，地震予知の研究は前兆現象の研究だけではなく，地震そのものの発生メカニズムからひも解かなければならなくなり，方針の変更を余儀なくされた．また，地震の研究成果が実務に活かされていないとの批判があり，1995年に議員立法で地震防災対策特別措置法が成立し，地震調査研究推進本部が政府に設置され，地震予知を含めた研究を推進することになった．大地震により研究体制や方向が変化するのは関東地震のときと似ている．地震予知推進本部は解消され，地震調査研究推進本部に移行された．このように，看板から予知の文字は消えたことはそれまでの研究の限界を示しているものと思われる．

2.2　中・長期的地震予知（評価）

数十年以上の長期的なタイムスケールにおいて，ほとんど同じ場所と間隔，規模で周期的に発生すると考えられる地震（固有地震）についてはある程度の予知が行われている．いままでの地震の記録から発生確率を計算し，何十年間の間に発生する確率は何％というような確率的な表現で予知をすることができる．いわば，天気予報の降雨確率と同様な表現であるが，ピンポイントではなく対象とする期間が長い．図2.1, 2.2は，地震調査研究推進本部が内陸部と海洋部に分けて公表している地震の長期評価である．

数箇月から数十年の中期的な予知は，観測データとシミュレーションにより計算する研究が行われている．

ただし，中・長期的な予知でも，固有地震以外はまだ予知することが困難である．

2.3　短期的地震予知

短期的地震予知とは，数箇月から数時間後の短い期間に起こる地震を予知することである．実用化されると，最も利用価値のある情報である．短期的な地震予知は，地震が発生するまえに現れるさまざまな前兆現象をとらえることで行われる．前兆現象として，地殻変動，地震活動，電磁気，地下水の変動などが研究されてきている（表2.2参照）．しかし，現在のところ，信頼できる地震予知の方法はまだ発見されていない．

図 2.1 主要活断層の評価結果（地震調査研究推進本部による）[1]

2.3.1 地殻変動

地震発生のメカニズムが岩盤のずれであることから，地震発生前に地殻の変動が観測されると予想される．1872 年の浜田地震（$M7.1$）では，地震の 5〜10 分前に著しい海岸の上昇（海退）がみられた．東海地震を予知するために，ひずみ計，傾斜計，体積ひずみ計，GPS などにより地殻の変動の観測を継続的に行っている．

2.3.2 地震活動

地震直前に地震活動が活発化したり静穏化したりすることから，地震活動の変化に

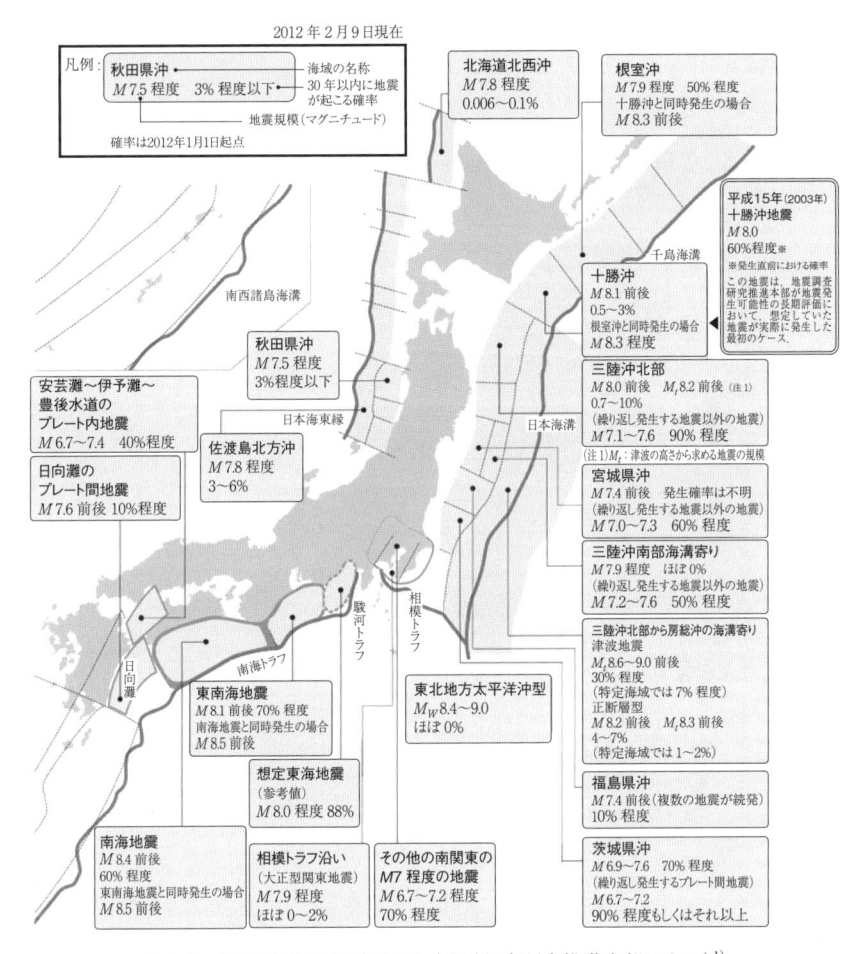

図 2.2 海溝型地震の評価結果（地震調査研究推進本部による）[1]

より地震を予知するものである．大きな地震のまえにそれより小さな地震が発生することがありこれを前震という．反対に，大きな地震のまえに固着域（アスペリティ）周辺でゆっくりとしたすべりが起こることにより一時的に応力が解放され，地震が静穏化するとの説もある．また，過去に定期的に大地震を発生させていながら長い間地震のない地域を地震空白域という．このような地域では地震が発生しやすい．

2.3.3 電磁気，電磁波

固体が破壊寸前に電流を発生するという説にもとづき，ギリシアで開発されたのがVAN法である．VAN法は地電位差の変化から地震を予知するもので，3人の創始者

表 2.2　地震の前兆現象[2]

種別	項目	短期	中・長期
地殻変動	土地の水平ひずみ速度の変化		○
	土地の水平ひずみの急変	○	
	土地の傾斜の方向・速度の変化		○
	土地の傾斜の急変	○	
	土地の昇降速度の変化		○
	土地の昇降の急変	○	
	地球潮汐・降雨など外部からの攪乱に対する地殻のレスポンスの変化		○
地震活動	地震活動の異常		○
	地震の性質の変化		○
	前震	○	
地震波	地震波速度・減衰の変化		○
電磁気	地磁気の異常変化		○
	地磁気の急な異常変化	○	
	地電位差・地電流の変化	○	
	地殻の電気伝導度の変化		○
	地磁気の短周期変化に対する地殻のレスポンスの変化		○
	土地の電位抵抗の変化	○	
	電磁放射	○	
地下水など	井戸の水位変化	○	
	泉の湧出量の変化	○	
	井戸・泉の水温変化	○	
	井戸・泉の水質変化	○	
	断層ガスの化学成分	○	
その他	動物の異常行動	○	
	地鳴り	○	
	発光現象	○	

ヴァロツォス（Varotsos），アレクソプス（Alexopoulos），ノミコス（Nomicos）の頭文字から名づけられた．VAN 法は，地中に埋められた電極により電位差を計測し，ノイズを除去して地震の前兆シグナル SES（seismic electric signal）を検知するものである．SES の発生状況と地震の発生の経験則から震源位置と発生時期を予知する．このほか，地震の前後に異常電磁波が発生するとして，電磁波の観測から地震の予知をしようとする方法があるが，地震との関係は明らかになっていない．

2.3.4　地下水の変動

　地震にともなって地下水位が変動することはよく知られている．大地震のまえに井

戸がかれたり，逆に突然湧き出したり，あるいは水温が上昇して温泉になったりすることがある．1923年の関東地震では，東海道線熱海駅前にあった間欠泉は，長い間，活動が衰退していたが，地震前日の8月31日に突然活発化したので，地元の人に不思議がられたという．また，次項に示すように，地下水中のラドンなどの化学成分に変化が生じることもある．

　地中の応力が変化すると，それに従って土や岩石の間隙も変化し，間隙をみたしている地下水が移動して地下水位が変化するものと考えられている．このように，井戸は一種の地中ひずみ計の役割を果たしているとも考えられる．

2.3.5　ラドン

　地下水に含まれるラドンの濃度を調べることにより，地震予知を行う方法である．ラドンは不活性の希ガスで放射線を発するため，測定は比較的容易である．地震の前兆で地下で岩石の亀裂が発生すると岩石内部のラドンが地下水に溶けこみ，ラドン濃度が上がると推定される．ラドンの半減期が3.8日と短いため，最近の変化が観測できるメリットがある．1978年1月の伊豆大島近海地震（$M\,7.0$）では，地震の前後でラドンの減少と急激な増加がみられ，前兆現象とされている．しかし，必ず地震の前後でラドンの変化があるとは限らない．

2.3.6　地鳴り

　地鳴りは，前震などにより地震発生のまえに生じることがある．地鳴りは，地震動が地表から音波として伝播してきたものである．1855年の安政江戸地震（$M\,6.9$）では，深川（東京都江東区）で，当日，地震のまえに職人が井戸を掘っていると，地鳴りがして仕事にならなかったそうである．

2.3.7　動物の異常行動

　動物のさまざまな異常行動から地震予知を行えるのではないか，という発想は昔からある．海で突然深海魚が網にかかるようになったり，ミミズが大量に地上に出てきたりなど，動物が地震のまえに通常ではない行動をとることが報告されている．動物がある一面では人間よりすぐれた感覚をもっていることは事実であり，地震の前兆を感じて本能的に行動しているとも考えられる．

　大地震が起こってから住民から「そういえばこんなことがあった」と報告されることが多いが，かといって動物の異常行動があったから必ず地震が起こるとは限らないため信頼性は低い．東京都水産試験場で，1976〜1991年に魚類の異常生態に関する調査研究として，ナマズの行動と地震の関係を研究した例がある．地震を予知したと考

えられる確率は3割1分であったという[3].

2.3.8 そのほかの現象

そのほかの現象として，発光現象や火の玉の飛来，特殊な虹，地震雲，霧，気温の異常，植物の狂い咲きなどの異常，ネムノキなどの樹木の生体電位の異常などが指摘されているが，実態は不明である．発光現象の原因は不明であるが，地震時にもみられることがある（第3章参照）．地震の前後にみられる異常な雲を地震雲といい，大きな地震のたびに報告されているが，地震との関連は不明である．

2.4 地震発生後の情報伝達

地震が発生することを事前に知ることが予知であるが，広い意味では，地震が発生してから地震波が到達し，被害が生じるまでの時間を利用して地震が発生したことを知らせることは，短い時間ながら予知と同様な効果を発生させる．地震には，後述するように伝達速度の速い縦波のP波と遅い横波のS波がある．被害を生じるような揺れはS波によりもたらされるので，P波の発生をいち早く検知して，S波の到達するまえに周知することができれば被害を軽減することができる．

たとえば，P波の速度が6 km/s，S波の速度が3 km/sとすると，震源から200 km離れた地点ではP波は約33秒で到達するが，S波は66秒かかるので，差し引き33秒の余裕が生じる．震源地のもっと近くでP波を検知すれば，さらに余裕時間は生じる．わずかの時間であるが，少しでも事前に知ることができれば，防災の備えができることもあり有意義である．このことを利用して，鉄道では，地震の発生を検知して列車を事前に止めるシステムがある（第5章参照）．このほか，テレビ，ラジオ，携帯電話などを通じてリアルタイムに地震の発生を告げる緊急地震速報（第7章参照）もある．

また，津波は必ず地震の発生後に生じるので，津波が生じる可能性のある地震を検知して津波が到達するまえに知らせる津波警報は，同様な防災効果を有している．

2.5 地震予知の組織と体制

地震予知に関する組織は，地震予知連絡会，地震防災対策強化地域判定会，地震調査研究推進本部がある．

2.5.1 地震予知連絡会

　地震予知連絡会は，地震予知に関する調査，観測，研究の情報交換と学術的な検討を行うため，1969年4月に国土地理院に事務局を置いて発足した組織である．地震に関する観測・研究を実施している機関や，大学などの30名の委員で構成され，年4回の会合を開いている．地震予知連絡会は，地震予知の実用化をめざして学術的な情報交換をする場であり，直前予知などは実施していない．

2.5.2 地震防災対策強化地域判定会

　大規模地震対策特別措置法では，気象庁長官から報告があった場合，内閣総理大臣が閣議にかけたうえで警戒宣言の発表などを実施する必要がある．このため，気象庁長官が地震の予知を判断するために，必要な専門的情報を得るのに設置した私的諮問機関が地震防災対策強化地域判定会である．判定会は，東京在住の6名の学識経験者により構成されている．大規模地震対策特別措置法で規定されている強化地域は，静岡県などの東海地震の影響を受ける地域であるので，この判定会は東海地震の予知のためにつくられた組織ともいえる．東海地震予知のために観測されているデータに異常が生じた場合，気象庁長官の要請で招集され，地震の予知について判断を下す．ただし，2012年8月現在，東海地震予知の判定はまだ下されていない．

2.5.3 地震調査研究推進本部

　1995年の阪神・淡路大震災での対策不足の反省から，議員立法で地震防災対策特別措置法が成立した．地震防災の研究成果が社会に十分に役立てられていなかったことから，行政に役立てる地震防災研究の推進のために，同法にもとづいて文部科学省に設置された政府の機関である．地震予知連絡会，地震防災対策強化地域判定会と比べて地震予知のみを目的とした組織ではない．

　地震調査研究推進本部は，地震防災対策の強化，とくに地震による被害の軽減に役立てる地震調査研究の推進を目的とし，次の施策を実施することとしている．

① 総合的かつ基本的な施策の立案
② 関係行政機関の予算などの事務の調整
③ 総合的な調査観測計画の策定
④ 関係行政機関，大学などの調査結果の収集，整理，分析，および総合的な評価
⑤ 上記の成果にもとづく広報

　本部は，文部科学大臣の本部長と，関係府省の事務次官などの本部員で構成されており，その下に関係機関の職員と学識経験者で構成される政策委員会と地震調査委員会が設置されている．

わが国では，地震予知の公的な体制があるのは東海地震だけである．観測データに異常が発生すると地震防災対策強化地域判定会が気象庁長官の要請で招集され，情報の吟味が行われる．その結果，地震発生の可能性の程度に応じて次の3段階の情報が気象庁から発表されることとなっている．

① 東海地震に関する調査情報（臨時）
② 東海地震注意情報
③ 東海地震予知情報

予知情報は，気象庁長官が内閣総理大臣に報告し，総理大臣が閣議を経て警戒宣言を発表したときに発表される．警戒宣言が発せられると，大規模地震対策特別措置法にもとづいて警戒本部の設置などの必要な措置がとられる．

2.6 地震予知に関する批判

地震予知については，批判があるのも事実である．東海地震は発生するまえから命名されたまれな地震であるが，1970年代に「いつ起こってもおかしくない」，との論文[4]などが発表されてから，法律もできて体制も整備されたが，30年以上経つ現在でも発生していない．一方，地震当時は戦後最大の被害といわれた1995年の兵庫県南部地震でも，地震予知はまったくできなかった．まして，国内史上最大といわれているマグニチュード9.0の東北地方太平洋沖地震（2011年）ですらこれだけの規模になるとはまったく予知されていなかった．東京大学理学部教授のロバート・ゲラー氏は，「できもしないものをできるといって巨額の予算を浪費している」と地震予知を批判し，「そのような金があるならば，耐震研究・設備の充実に用いるべきだ」と主張している[5]．

事実，さきに述べた唐山地震の例をみるまでもなく，地震予知はほとんど成功していない．周期的に発生しているとされる小田原地震は，神奈川県小田原市付近で発生したM7クラスの地震の総称であるが，少なくとも1633年以降5回までの記録が残されている．最後の地震は1923年の関東地震であった．ほぼ70年周期の地震であり，1990年代の発生が予知されたが，20年近く経っても起こっていない．小田原地震は，もともと同じ断層面での地震ではなく，地震のメカニズムや発生場所の異なる地震が偶然周期的に5回続いたとも解釈できる．

海外では，アメリカ・カリフォルニア州パークフィールドで，1857〜1966年まではほぼ22年おきにM6程度の地震が6回発生しており，周期的な地震として注目されていた．1993年までに95％の確率で発生すると予知されたが，実際に起こったのはそれより10年以上もあとの2004年であった（図2.3参照）．

2.6 地震予知に関する批判　**33**

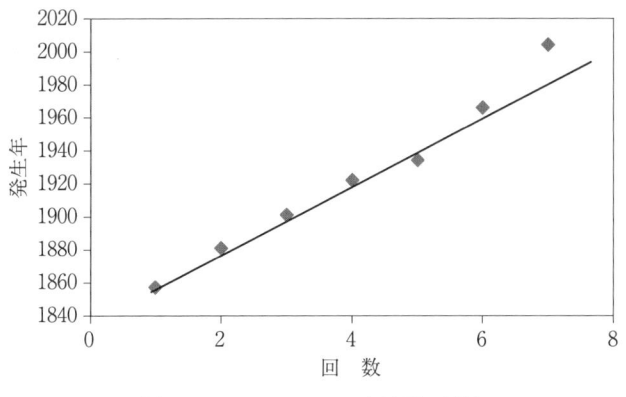

図 2.3　パークフィールド地震の履歴

　地震予知の難しさは短期的な予知にある．短期的な予知とは，数日，数箇月の単位で地震の発生を予知することであるが，地学的なタイムスケールは数千年，数万年単位であり，短期的な予知をしようとしても誤差が大きくなってしまう．ある人間にとって実用上必要なのは，どんなに長くとも個人の生きている間に地震が発生するかどうかであり，せいぜい 100 年以内の地震の発生である．

　地震が発生するまえにみられるとされる地震雲や，ナマズなどの動物の異常行動から地震を予知しようとする考えは，さきに述べたとおり現在も信じる人が少なくない．これらの前兆現象は地震が起こってから報告されることが多く，「後予知」といわれている．ただし，後予知で提示される現象が予知と結びついているかどうかはかなり疑わしい．

　たとえば，ナマズが騒いで地震が起こったという現象があったとする．これをもってナマズの異常行動と地震には何らかの関係があるとするのは早計である．なぜなら，ナマズの騒ぎは偶然であったかもしれないからである．

　ナマズが騒いで地震が起こった事象や，ナマズが騒いでも地震が起こらなかった事象，ナマズが騒がなかったが地震が起こった事象，ナマズが騒がなかったが地震も起こらなかった事象を観測し，客観的にナマズの異常行動と地震発生に関係があるかど

表 2.3　ナマズの行動と予知の可能性

ナマズの行動	地震の発生	予知の可能性
騒ぐ	あり	○
騒がない	なし	△
騒ぐ	なし	×
騒がない	あり	×

[注]　○：可能性あり，△：何とも言えない，×：可能性なし

うかを検証する必要がある（表2.3参照）．ナマズの代わりに，地震雲や電磁波異常などのほかの地震の前兆現象といわれている事象に置き換えてもロジックとしては同じである．

ただし，地震予知が理論的に不可能とまではいえない．一般に，「できないこと」の証明は難しい．新たな発見があるといままでの論理が崩れてしまう可能性があるからである．たとえば，筆者の大学時代の指導教官で戦前に大学を卒業した大学教授の学位論文は「ガスタービンエンジンは技術的に不可能である」というテーマであった．しかし，しばらくして技術開発が進むとガスタービンは実用化されてしまった．このように，地震予知は発展途上の学問といえよう．

Coffee Break

■ 東海地震

「東海地震」は，近い将来に駿河湾で発生すると予想される$M8$クラスの巨大地震で，1976年秋に地震学会で発表された学説である．東海地震はその後の「大規模地震対策特別措置法」制定へとつながっていくエポックメーキングな地震であるが，地震が発生するまえに名前がつけられるのはきわめて珍しいことである．

また，東海地震説は発表されてから35年以上経つが，2012年8月現在，地震はまだ現実に起こっておらず，予知の難しさを示している．

演習問題 [2]

2.1 地震の前兆現象について，第2章で述べられているもの以外の報告事例を調べよ．
2.2 仮に地震の予知が台風並にできるとすると，どのように被害軽減に貢献するか述べよ．

第3章　地震による自然現象

　地震は巨大なエネルギーをもっており，発生すると地震動のほかにさまざまな自然現象が生じて，人々の生活にも大きな影響を及ぼすことがある．ここでは，地震により発生する，地盤の隆起・沈降などの地殻変動，地表断層，液状化などの現象について述べる．なお，津波については第9章でまとめて述べる．

3.1　地殻変動（余効変動）

　地震は，断層やプレートの移動により生じるものであるから，地盤の隆起，沈降，変位などの地殻変動をともなうことがある．土佐湾沖の，南海トラフを震源とする南海地震は100〜150年間隔で発生しているが，地震のたびに地盤沈降をくり返している．高知市では，1707年（宝永4年）の宝永地震で2m，1854年（嘉永7年）の安政南海地震で1.1m，1946年の昭和南海地震で1.2m沈下した[1]．1923年の関東地震では，相模湾海底で数十mの沈降が観測され，神奈川県の江の島では島が約2m隆起して地続きとなった．兵庫県南部地震では，当時建設中でケーブル架設状態の明石海峡大橋の橋長が地殻変動により1.1m長くなった．
　東北地方太平洋沖地震では，東北，関東が東の震源方向に引きずられた形になった

図3.1　地盤沈降により浸水した漁港（気仙沼市）

ため，東北の沿岸では大規模な地盤沈降と東方向への水平移動が生じ，最大で水平方向に 5.3 m，上下方向に 1.2 m という大きな地殻変動が生じた[2]．このため，東北地方太平洋岸の震源に近い多くの漁港が地盤沈降のために使えなくなり，嵩上げをせざるを得なくなっている（図 3.1 参照）．地震により東京にある測量原点は東方向に 277 mm 移動し，同じく水準原点の標高も 24 mm 沈降した．

これらの変動は，地震後に三角測量や，水準測量で地表を測量することにより観測できる．また，人工衛星を使った GPS (global positioning system) を用いて地点の動きをリアルタイムで観測することができる．海底には電波が届きにくいので，海底の変動を直接 GPS で測定することはできないが，海底に基地局を固定し，船舶を中継局として，海中の位置は音波で，船舶の位置は GPS で測定して，それぞれの結果を合成して測定する海底 GPS の技術も開発されている．

干渉 SAR（InSAR）という技術は，人工衛星の合成開口レーダー（SAR）を用いて地盤の隆起，沈降を視覚化して干渉縞により表すものである．人工衛星が同じ地点を通過するとき，まえの時点に測定した地表データと次の時点で測定した地表データを重ねると，この間に地盤が変動していた場合，レーダーで反射してくる電波の位相差が発生する．これを視覚化すると干渉縞が現れるので，地盤の隆起・沈降を面的に表現することが可能である．（図 3.2 参照）

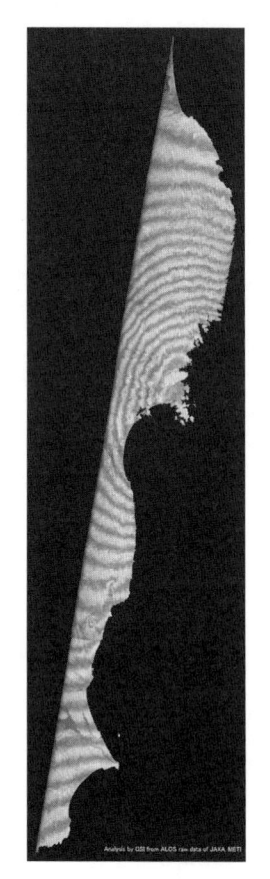

図 3.2　InSAR の例（東北地方太平洋沖地震による関東から東北にかける干渉縞）[3]

3.2　断　層

3.2.1　断層の分類

地震は，岩盤に蓄積したエネルギーが解放されることによって起こることはさきに述べたが，その結果として断層が生じる．断層は上下方向と水平方向の動きが次のように分類され，その組み合わせで $2 \times 2 = 4$ 形態がある（図 3.3 参照）．

(1) 縦ずれ断層

断層が上下方向にずれる場合で，断層面の上側の岩盤を上盤，下側の岩盤を下盤と称し，その方向で 2 種類に分類される．

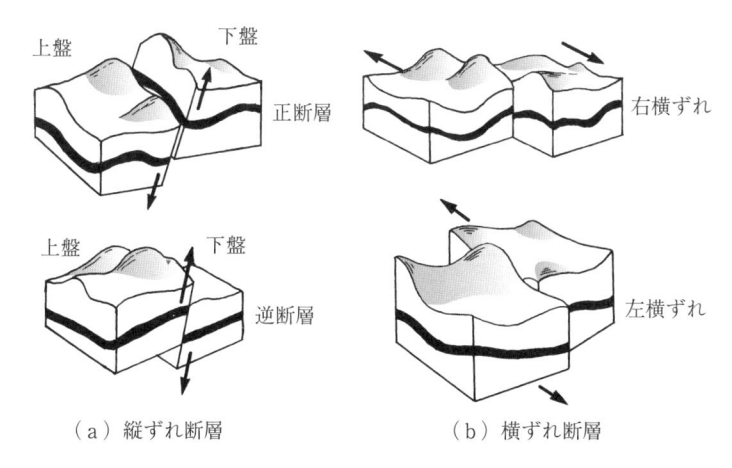

図3.3 断層の種類

① **正断層**：上盤が引張力の作用によりすべり落ちるように移動するもの．
② **逆断層**：上盤が圧縮力の作用によりずり上がるように移動するもの．
(2) 横ずれ断層
断層が水平方向にずれる場合で，その方向で2種類に分類される．
① **右横ずれ断層**：断層面に向かって立ったとき，向かい側が右にずれるもの．
② **左横ずれ断層**：断層面に向かって立ったとき，向かい側が左にずれるもの．

　わが国において，地震による断層で有名なのは，1891年10月28日に岐阜県西部で発生した濃尾地震（$M8.0$）による根尾谷断層である．地表面に現れた地裂線は福井県から愛知県近くまで約80 kmにも及び，土地は最大8 mもずれた．根尾村水鳥では畑を横切って断層が現れ，最高6 mもの高い崖をつくった．この崖は「水鳥の断層崖」とよばれ，国の特別天然記念物に指定されている．1992年，「地震断層観察館」がつくられ，断層を見学できるようになっている．兵庫県南部地震では野島断層が動き，淡路島にその痕跡を残している（図3.4参照）．野島断層についても，1998年に北淡震災記念館（野島断層保存館）がつくられ，断層が保存されている．
　アメリカで有名な断層は，サン・アンドレアス断層（San Andreas fault）で，カリフォルニア州のほぼ全域を南北に1400 km縦断している．この断層の活動により，1906年4月18日のサンフランシスコ地震（$M7.8$）などの大きな地震が発生している．

図 3.4 淡路島の野島断層（石井一郎氏提供）

3.2.2 活断層

　地質学的に，近い過去にずれた断層を活断層と称している．研究者によって多少の差異があるが，近い過去といっても常識的には気の遠くなるような昔であり，一つの考え方では第四紀以降（約 200 万年前〜現在）のこととされている．兵庫県南部地震で動いたとされている野島断層も活断層の一つである．活断層の動く方向はつねに同じであり，あるときに逆断層で動き，次に正断層で動くといったことはない．活断層は，地表面や堆積物の状況から平均変位速度が求められている．松田時彦[4)]はこれにもとづいて活断層を次の 3 クラスに分類している．

① A 級活断層：1000 年あたりの平均変位速度が 1〜10 m
② B 級活断層：　　　　　同上　　　　0.1〜1 m
③ C 級活断層：　　　　　同上　　　　0.01〜0.1 m

「日本の活断層」[5)]に記載された活断層は A 級が 100 本，B 級が 760 本，C 級が 450 本である．活断層の分布図をみると日本全国のほとんど，どこでも活断層に覆われている感がある．しかもこれは，いままで発見された活断層であり，このほかにも多くの活断層が潜在していると考えるのが適当であろう．それは，地表に断層が露出していれば発見しやすいが，最後の活動を終えてから時間が経過した断層では，表面に土が堆積して容易に発見できないものが多いからである．

　アメリカ・カリフォルニア州ではサン・アンドレアス断層などの活断層が発達しているが，1971 年のサン・フェルナンド地震（$M_W 6.6$）を契機に断層周辺の土地利用規制の機運が高まり，1972 年にアルキスト－プリオロ震源断層地帯法が制定された．同法では，断層沿いの幅 100〜300 m の範囲の開発や住居を規制するものである．わが国のように，利用可能な土地が狭く，活断層がいたるところにある状況ではこのような規制はあまり現実的ではない．ただし，横須賀市では行政が開発業者に活断層の位置を示し，活断層上に建築物がかからないように指導した例がある．また，ダムや

原子力施設など壊れた場合深刻な被害が予想される施設は，活断層を避けて建設するようにしている．

活断層の一般的な調査法は断層を横切る溝（トレンチ）を掘削し，断層の様相から地震の規模と時期を推定することである．

活断層では，断層の平均変位速度 S と，1回の地震で生じた単位変位量 D_i と，地震再来周期 R の間に，

$$R = \frac{D_i}{S} \tag{3.1}$$

の関係がある．現在のところ，このような方法で推定した周期は約千年から数千年で，予測には数十年から数百年の誤差がある．一方，プレート境界で発生する地震の周期は百年～数百年と短く，活断層による地震の周期のほうが長い．

3.3 液状化

3.3.1 液状化被害の歴史

液状化とは，地震動を受けて地盤が液体状になり，支持力を失って建物が傾いたり，地中から砂を含んだ水が噴き出し（噴砂）たり，地中の下水管やマンホールなどが浮力により浮きあがる現象である．メカニズムについては後述する．地震による地盤の液状化は古くから記録が残されており，わが国では紀元前6千数百年の縄文時代の郡家遺跡（神戸市東灘区）で液状化の跡が発見されている．

近年，わが国で液状化が注目されたのは，1964年に発生した新潟地震（$M7.5$）からである．新潟地震では，砂質地盤上に建設された新潟市川岸町の鉄筋4階建ての県営アパートが液状化により倒壊し，信濃川に架かったばかりの昭和大橋も液状化による地盤の変状にともなって落橋した（図3.5参照）．1995年の兵庫県南部地震（$M7.3$）でも，人工島であるポートアイランドや，六甲アイランドで大規模な液状化が発生している（図3.6参照）．

東北地方太平洋沖地震では，震源からかなり離れた関東地方でも液状化が発生し，建物や地中埋設物の被害が出た．千葉県浦安市や茨城県潮来市日の出地区では，住宅街で大規模な液状化が発生し，道路，電柱，建物などが被害を受けた（図3.7参照）．日の出地区は昔あった潟を埋めて住宅にしたので地盤が弱く，さらに地震の継続時間が3分と長かったために液状化が著しかった．過去に液状化したからといって，それで地盤が安定したとはいえず，再び液状化することはしばしばみられる現象である．これを再液状化という．

図 3.5　新潟地震による昭和大橋の落橋
　　　　（北陸建設弘済会提供）

図 3.6　液状化による地盤の変状
　　　　（兵庫県南部地震）

図 3.7　液状化で浮上したマンホール（浦安市）

3.3.2　液状化現象

　液状化とは，地下水で飽和された緩い砂質地盤が，強い地震動により密な砂になろうとして体積が縮小して間隙水圧が上昇し，砂粒子間の有効応力が減少してせん断力に対して抵抗がなくなり，液体と同じ状態になるものである（図3.8参照）．また，上昇した間隙水圧が地震後に消散していくために，地表に向かって浸透してきた水が土とともに地表に噴出する現象（噴砂）が発生する．噴砂現象は，地震発生後10～30分後まで継続することもある．このように，地盤が液体のような性状をみせることから液状化（liquefaction）という名称がつけられている．

　液状化が発生すると，
① 地盤の支持力が低下するので地上の構造物が沈下したり，傾斜，転倒する．
② 構造物を支持する地盤剛性が小さくなり，大きな振幅の変位が生じる．
③ 護岸付近などで偏土圧が作用する地盤に液状化が生じた場合，地盤が流動化して横方向に移動し，杭基礎などに損傷をあたえる．（3.3.3項の側方流動を参照）

(a) 地震前　(b) 地震時　(c) 地震後

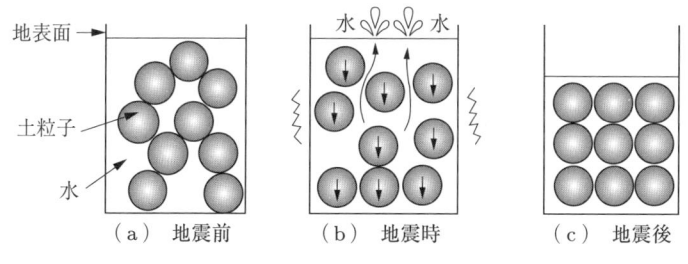

図3.8　液状化のメカニズム

④　地中に埋設してある見かけの比重が小さい管路やマンホールなどは，揚圧力を受けて地表に浮かび上がる（図3.9参照）．

などの現象が発生する．

図3.9　北海道南西沖地震で浮きあがったガソリンスタンドの地下タンク（土木研究所提供）

液状化を発生させる条件は，
① 地下水位が高い．
② ゆるい砂質地盤である．
③ 土粒子の粒径がそろっていて，粘着力を生じる細粒分や透水性を大きくする粗粒分が多くない．
④ 土粒子の骨格構造を変えさせる程度の大きな地震動があること．

である．

従来は，礫のように粒径の大きな土は，間隙水圧を素早く逃すので液状化は発生しないとされていたが，兵庫県南部地震では礫質地盤でも液状化を起こした箇所があり注目された．

液状化を起こすかどうかの予測は，
① 過去の液状化記録や地形・地質から経験的に判断する方法，

② 標準貫入試験による N 値などから簡易予測式を用いて判断する方法,
③ サンプリング試料を用いた室内試験（繰返し三軸試験など）と地震応答解析による詳細予測を行う方法,

などがある.

3.3.3 側方流動

兵庫県南部地震では，地盤の側方流動現象が注目された．地震により埋立地を中心に大規模な液状化が発生したが，液状化した地盤が水平方向に流動し，建物の基礎などが横方向の力を受けて変形・破壊された．この現象による構造物の被害は，護岸が大きく海側に水平変位した水際線の近傍で顕著に現れている．道路橋の橋脚基礎に目立った残留変位が生じたのは，水際線から 100 m 程度までの範囲であった（図 3.10 参照）.

基礎の設計では，液状化に対しては地盤の支持力を無視または低減してその影響を考慮するが，側方流動に対しては基礎に作用する水平力としてその影響を考慮する.

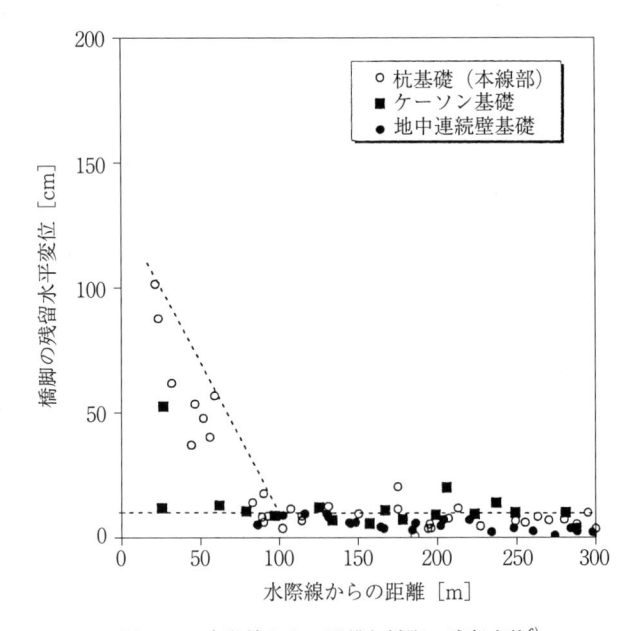

図 3.10 水際線からの距離と橋脚の残留変位[6]

3.4 そのほかの現象

　地震にともなうそのほかの現象として，発光，地鳴り，地下水や温泉の水位・水温・湧出量の変化，重力や地磁気の変化，大気圧の長周期変動，セイシュ（seiche）などがある．これらの多くは地震の前兆現象としても報告されている．

　発光現象の原因はいまだに明らかではないが，過去の地震で数々の報告がなされている．古くは869年（貞観11年）7月の三陸沿岸での夜間に発生した地震の記録で，日本三代実録には「流光昼のごとく隠映した」と記されている．これがわが国における最古の地震による発光現象の記録である．1930年11月26日午前4時の北伊豆地震（M7.3）では，各地で発光現象がみられた．形はオーロラ状で青い色が多く，地震前日の25日午後5時ごろから26日の本震後1時間のあいだで発生し，地震中が最も活発であった．近年では，兵庫県南部地震でも発光現象の目撃者があった．

　セイシュは，湖や湾の水全体が揺すられて生じる長周期の変動で，風や気圧の変動で起こる場合もあり，静振ともよばれている．著名な例としては1755年のリスボン地震がある．このときは，約2000 km離れたイギリスや，約3000 kmも離れた北欧の湖で，セイシュによる水位変動が観測されている．

　近年では，長大橋や高層建築物などの固有周期が長く長周期の地震動に共振する構造物が増えてきており，長周期地震動の影響を受けやすくなっている．東北地方太平洋沖地震では，震源から約770 km離れた大阪府咲州庁舎（55階建て，高さ256 m）が約10分間にわたり揺れ，最上階での振幅は2.7 mにも達した．これは，地震動に

Coffee Break

■ 津波と神社

　東日本大震災直後に現地を調査したとき，神社仏閣の被害が少ないことに気がついた．神社の多くは高台に造られていて，避難場所になったところも少なくない．ギリギリのところで被災しなかったものもある．昭和8年の三陸大津波でも神社の被災は少なかったと記されている．神社庁の資料によれば，今回の津波でも岩手県で被害の大きかった沿岸6市町の神社のうち，本社殿まで津波で被災した率は3％と少なかった．神様に守られたからであろうか．この理由は歴史にあると思う．つまり，神社は古くからあるため，過去に津波で流されると再建は津波が到達していない安全な高台へと移していったからである．一方，多くの人々は住まいを高台に移していかなかったのはなぜだろう（答えは第7章のCoffee Breakに）．

はさまざまな周波数成分が含まれるが，短周期成分は距離減衰が大きく，長周期成分は減衰が少ないため，広範囲に伝播するためである．

演習問題 [3]

3.1 過去に発生した地震の断層の種類について調べよ．
3.2 地盤の再液状化の事例を調べよ．

第4章　地震動

　地震は，地表では振動現象として現れる．地震が発生するとさまざまな波が地盤を伝播して，その振動が自然や人間社会に影響を及ぼす．ここでは，地震動の基本的な性質と，計測するための地震計，震源の推定方法，地震動のスペクトル，構造物の被害との関連などについて述べる．

4.1　地震波の種類

　地震は，地震波が地盤内を伝播していく現象である．あるところで発生した地震波は地球全体に伝わっていく．地震波は表層の軟弱地盤を除けば，地盤のひずみのそれほど大きくないレベルで伝達するので，弾性体中を伝播する波と考えることができる．弾性体内を伝わる波動には，縦波と横波の2種類があり，実体波とよんでいる．これに対し，表面を伝わっていく波を表面波とよんでいる（図4.1参照）．

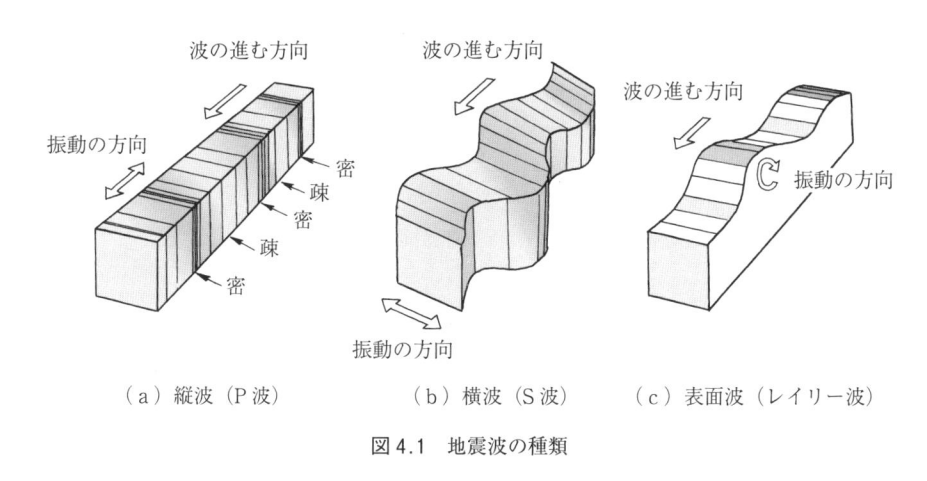

（a）縦波（P波）　　　（b）横波（S波）　　　（c）表面波（レイリー波）

図4.1　地震波の種類

4.1.1 実体波
(1) 縦波
　縦波は，波の進行する方向と振動する方向が同じ波で，疎密波ともよばれている．縦波はP波ともよばれているが，これはラテン語の「最初の」を示す"primae"（英語でprimary）からきている．縦波は，地盤伝播の速度が速く，地震では最初に到達する波であるのでそうよばれている．

(2) 横波
　横波は，波の進行する方向と振動する方向が直交する波である．横波は，S波，ねじれ波，またはせん断波ともよばれているが，ラテン語の「2番目の」を示す"secundae"（英語でsecondary）に由来している．地震のときに最初の微動の次にグラッとくるのがS波である．S波は，流体中を伝達しないので地球のマントル内は伝わらない．S波は水平に振動するものをSH波，鉛直方向に振動するものをSV波とよんでいる（Hは水平を意味するhorizontalを，Vは垂直を表すverticalを意味している）．耐震設計上，問題となるのはおもにSH波である．

　縦波と横波の速度は，次の式で求められる．

$$\left.\begin{array}{l} V_p = \sqrt{\dfrac{\lambda + 2\mu}{\rho}} \\ V_s = \sqrt{\dfrac{\mu}{\rho}} \end{array}\right\} \quad (4.1)$$

ここで，V_p：縦波の速度，V_s：横波の速度，λ, μ：ラメの定数，

$$\lambda = \frac{\nu E}{(1+\nu)(1-2\nu)}, \qquad \mu = \frac{E}{2(1+\nu)}$$

　　E：ヤング率，ν：ポアソン比，ρ：密度．

　これより，$V_p > V_s$ であることがわかる．

4.1.2 表面波
　表面波の速さはつねにP波より遅く，S波と同じかやや遅い．
(1) レイリー波
　表面波のうち，波の進行方向を含む鉛直面内で前，上，後ろ，下の方向に順に動いて楕円軌道を描いて振動するのがレイリー波である．1885年にこの波を発見したイギリスの物理学者レイリー（Rayleigh, J. W. S.）にちなんで名づけられた．
(2) ラブ波
　表面波のうち，波の進行方向に直角な水平方向に振動する波をラブ波とよんでいる．1911年にラブ（Love, A. E. H.）によって発見されたのでそうよばれている．

地中で発生した地震は，地盤を伝わっていくつもの地層を経由して地上に伝播していく．異なる地層の境界面では地震波の屈折と反射が行われるが，一般に地表に近いほど軟らかく，縦波，横波の速度の小さい地層になる．したがって，光が空中から伝播速度の遅い水中に入射するとき屈折するように，屈折角度は小さくなるため，地表に近づくほど地震波の進行方向は地面に垂直に近くなる（図4.2参照）．このため，地表で観測すると地震はほぼ真下から伝わってくるため，P波は上下動として，S波は水平動として感じられることとなる．

なお，海水を伝達媒体として伝わる波動に，船舶で感じられる海震という現象がある．海震は海の波である津波とは異なる現象である．

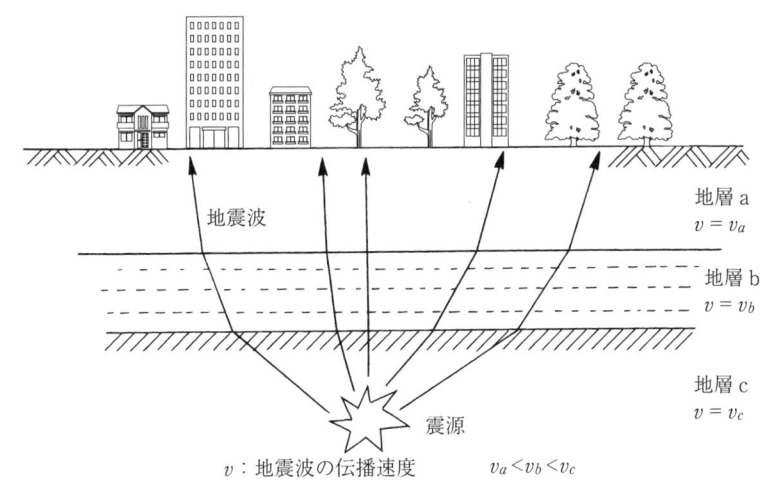

図4.2 地震波の経路

4.2 地震計

地震を定量的に取り扱うためには測定装置が必要であり，地震計が用いられている．地震計は，1880年ごろに明治新政府のお雇い外国人として来日していたイギリスの物理学者 J. A. ユーイングが開発したといわれている．地震計は，振子の性質を利用して，地盤の変位，速度，加速度を測定する機械である．なお，地震計の原理については付録を参照のこと．前述したマグニチュードの計算に用いられているウッド-アンダーソン式地震計は，振子の回転軸付近に鏡がついていて，光学的てこにより2800倍に地震動を拡大して測定できる．初期の地震計は機械式地震計で円筒式ドラムにす

すをつけ，針でひっかいて記録をしていたが，現在の地震計は振子の動きを電気的に測定制御し，デジタルで記録する方式が用いられている．

地震動の動きは，通常，南北（NS），東西（EW），上下（UD）の3成分を観測する（図4.3参照）．地面の動きには，南北，東西，上下の3軸まわりの回転もありえるが，回転動は現在まであまり注目されていない．

地震観測では，振幅が数 μm の微小な地震動から，数十 cm の強震動まで測定のレンジが広く，しかも，振動数も数百 Hz から数十分の周期をもつ振動まで範囲が広い．このため，一つの計測機でこれを記録するのは困難であるので，目的に応じてさまざまな地震計が開発されている．

強震計は，このような特殊な目的のために開発された地震計の一つで，構造物に被害が生じるような強い揺れを対象に，地盤上や地中に設置して地盤振動を測定したり，構造物に設置して構造物の応答振動を測定したりするものである．この目的から，強震計はある程度以上の強い地震動ではじめて測定を開始する地震計で，加速度を計測するようになっている．地盤に設置する強震計は，一般に東西南北の方向に合わせ，

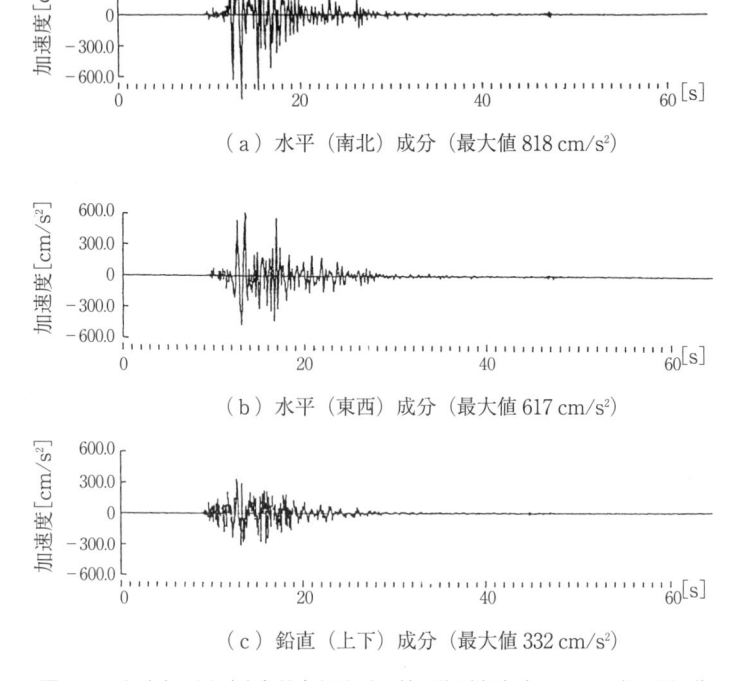

(a) 水平（南北）成分（最大値 818 cm/s²）

(b) 水平（東西）成分（最大値 617 cm/s²）

(c) 鉛直（上下）成分（最大値 332 cm/s²）

図 4.3 地震波の例（兵庫県南部地震の神戸海洋気象台における観測波形）

建物などから離してその影響を受けないようなところに設置する（図 4.4 参照）．

図 4.4 強震計（換振器）

4.3 強震観測

被害が生じるような強い地震があった場合，構造物の被災原因の調査や設計基準の見直しには地震動の正確な記録が必要となってくる．4.2 節で述べた強震計は，このような目的でつくられたものである．しかし，被害が生じるような地震動をとらえるには，被害があった構造物の近くに強震計が設置されていなければならないが，どこに地震が起こるか事前にわからないので，全国的に多くの強震計を設置する必要がある．強震計は，大学，文部科学省，国土交通省などの各機関によって設置されているが，兵庫県南部地震以来，急速に数を増やして，整備された．

強震計による代表的な観測網に，国立研究開発法人防災科学技術研究所が整備した K-NET がある．K-NET では，全国に約 20 km の間隔で 1000 箇所以上に設置され，強震計から強震記録が得られた場合，すみやかにつくば市にある同研究所の地震・火山観測データセンターでデータの回収・編集がされ，インターネット上（http://www.kyoshin.bosai.go.jp/kyoshin/）に情報が掲載されるシステムになっている．K-NET のデータは公表されており，だれでも自由に利用することができる．

4.4 震源の推定

地震が発生した場合，震源の位置（緯度，経度，深さ）と発震時間を求める必要がある．その方法の一つを以下に紹介する．

この方法は作図法とよばれ，S 波と P 波の到達時間の差から震源までの距離を求める方法である．ある地点に P 波が到着してから S 波が到着するまでの振動を初期微動

といい，その時間を S-P 時間または初期微動時間という．地表が平面で，地下構造は一定と仮定し，S 波の速度を V_s，P 波の速度を V_p とすると $V_s < V_p$ であるので，P 波のほうがさきに観測点に到着する．震源から観測点までの到達時間を，P 波については t_1，S 波については t_2 とし，距離を R とすると，

$$V_p \cdot t_1 = V_s \cdot t_2 = R \tag{4.2}$$

となり，観測点でわかるのは到達時間差 $t_2 - t_1 = \tau$ であるから，

$$\frac{R}{V_s} - \frac{R}{V_p} = \tau \tag{4.3}$$

$$\therefore \quad R \cdot \frac{V_p - V_s}{V_p \cdot V_s} = \tau$$

となる．よって，

$$R = \tau \cdot k \tag{4.4}$$

となる．ただし，

$$k = \frac{V_p \cdot V_s}{V_p - V_s}$$

となって，R は τ に比例する．この式 (4.4) を大森公式という．k の値を仮定すれば（たとえば，$k = 8\,\mathrm{km/s}$），3 点の観測点のデータから，以下のようにして震源を求められる（図 4.5 参照）．

① 観測点を A，B，C とし，それぞれの点で計算した R を半径として円を描く．
② 共通弦を引き，その交点を E とする．この E は震央である．
③ 一つの弦を直径とする半円と，E を通りその弦に直交する直線を描き，その交点を H とする．この EH が震源の深さになる．

4.5 震源からの距離による減衰

地震は，震源から遠くなるほど拡散し，エネルギーを消費して減衰していく．最大加速度 $a_{\max}$ の距離減衰を震央距離 Δ，マグニチュード M によって整理したのが図 4.6 である．このように，最大加速度 $a_{\max}$ はマグニチュード M とともに大きくなり，震央距離 Δ が大きくなるほど小さくなる傾向にある．

地震動のスペクトル（周波数特性）は，震源から遠くなると短周期成分が少なくなり，長周期成分が卓越してくる．これは，短周期の波ほど減衰しやすいためである．

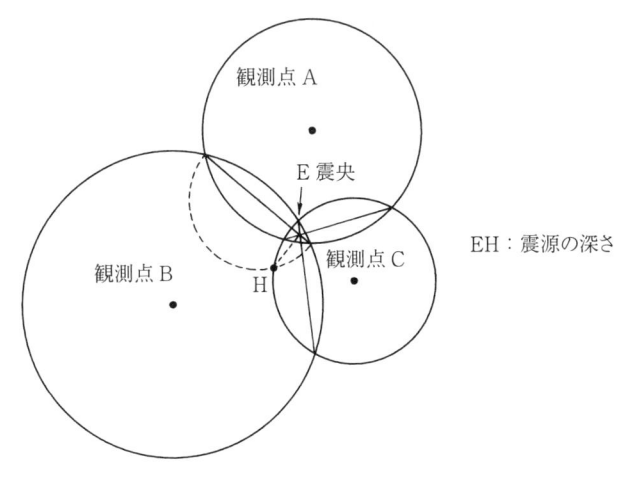

図 4.5　作図法による震源の決定

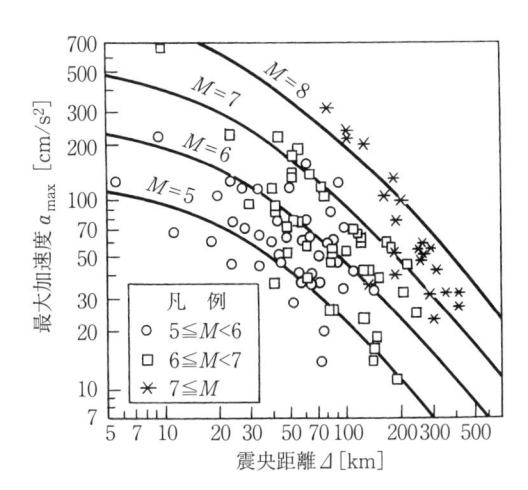

図 4.6　最大加速度の距離減衰[1]
(川島一彦編「地下構造物の耐震設計」鹿島出版会, p.12, 図 2-3, 1994 年 6 月)

4.6　地震動の継続時間

　地震動の継続時間は，地震が大きいほど長くなる傾向にある．さきに述べたように，地震は断層運動の結果として生じるものであるが，一般に地震の規模が大きいほど断層の大きさも大きくなる．たとえば，日本にも津波の被害を与えた 1960 年のチリ地震（$M_W 9.5$）では，断層面は 800×200 km という東北地方から関東地方がすっぽり

入るほどの巨大なものであった．断層面の破壊が進んでいく速度を破壊速度といい，これはS波速度の約0.6〜0.7倍で，地震の大きさによって変わらない．したがって，断層面が破壊し終わるまでの時間は，地震の規模が大きいほど長くなり，地震動の継続時間も長くなる．

東北地方太平洋沖地震と，兵庫県南部地震とを比較したのが図4.7である．兵庫県南部地震が25秒程度の継続時間であったのに対し，東北地方太平洋沖地震では複数の断層が連動したこともあり160秒程度と6.4倍も長かったが，これは地震規模の違いを表している．

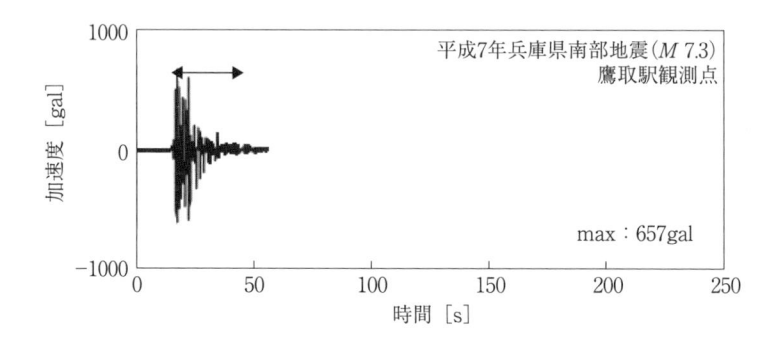

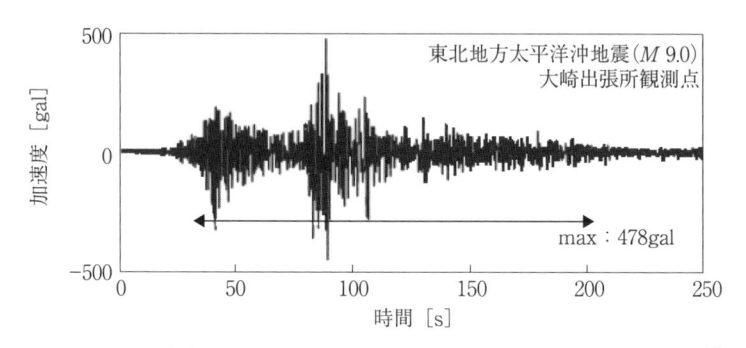

図4.7　東北地方太平洋沖地震と兵庫県南部地震の地震動継続時間の比較例[3]

4.7　地盤の振動

地盤の状態によって地震動の状態が変化する．一般に，地盤が軟らかいほど振幅が増幅される．このため，軟弱地盤上の構造物は，堅固な地盤の構造物より大きな被害を受ける傾向にある．

1985年9月19日に発生したメキシコ地震（$M\,8.1$）では，震源から約 400 km も離れたメキシコ市が大きな被害を受けた．主として8階から18階建ての中高層ビルが被害を受け，全階が潰されるいわゆるパンケーキ状の破壊が発生し，1万人から3万5千人ともいわれる人が犠牲になった（図 4.8 参照）．これは，メキシコ市が湖を干拓した厚い軟弱地盤の上にあったことで，周期2～4秒の地震動が増幅され，固有周期が一致した建物が共振を起こして破壊されたためである．

図 4.8 メキシコ地震による被害（鹿嶋俊英氏提供）

地盤の固有周期 T_G は，層厚とS波の伝播速度（せん断弾性波速度）V_s で決まり，次式となる．

$$T_G = \frac{4H}{V_S} \tag{4.5}$$

ここで，T_G：地盤の固有周期 [s]，H：表層地盤の厚さ [m]，V_s：表層地盤のせん断弾性波速度 [m/s]．

表層地盤は，基盤面より上にある地層部分をいう．基盤は表層の下に存在する堅固な地盤で，工学的には，一般に $V_s = 300$ m/s 以上の地層の上面を基盤面としている．式 (4.5) から地盤が軟らかく，せん断弾性波速度が遅いほど，また表層地盤の厚さが厚いほど固有周期は長くなり，ゆっくり揺れることとなる．固有周期は，このほかに平常時の地盤の微動（常時微動）を計測し，そのスペクトルのピーク振動数から求めることができる．式 (4.5) や常時微動で求められる地盤の固有周期は微小ひずみ振幅領域での周期であるが，地震動が大きくなり，地盤のひずみも大きくなると，地盤の剛性が低下して固有周期が長くなる傾向がある．

4.8 地震動のスペクトル

　地震動は，さまざまな周期と強さの振動が複雑に混ざり合っている．地震動には，周波数が数百 Hz の高い振動から，地球の自由振動のような数十分の周期をもつ低い周波数の振動も含まれている．一般の構造物に影響を与えるのは，その固有周期に近い周期 2〜3 秒以下の振動である．一方，長周期の振動は減衰しにくいので，広範囲に広がり被害を与えた例もある．1983 年 5 月 26 日の日本海中部地震（$M\,7.7$）では，震央から約 270 km 離れた新潟市（震度 3）で石油タンクの石油が揺すられてスロッシング現象が起こり，液面の振幅が 5 m にもなり石油が流出した．スロッシングの周期は 10 秒くらいのものが多かった．最近，増えてきた吊橋などの長大橋では，数十秒の長い固有周期をもつものもあるので，長周期の地震波も注目されるようになっている．

　地震のように複雑な振動を解析する方法に，スペクトル解析とよばれる手法がある．フーリエスペクトルを用いる方法は，スペクトル解析の代表的な方法である．フーリエスペクトルは次式に示すフーリエ変換により，複雑な振動をさまざまな周期，振幅の単振動の和としてとらえ，周波数ごとの強さを表すものである．

$$F(\omega) = \int_{-\infty}^{\infty} f(t) e^{-i\omega t} dt \tag{4.6}$$

ここで，$F(\omega)$：フーリエスペクトル，$f(t)$：地震波形，ω：円振動数．

　これにより，地震動のなかの周波数成分ごとの強さがわかる．スペクトルの例を図

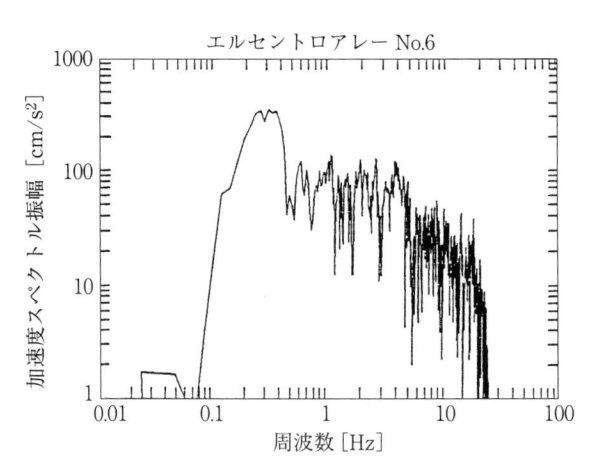

図 4.9　加速度記録のフーリエスペクトルの例

4.9に示す．周波数成分は地震動の始めと終わりでも異なっており，刻々と変化するので，時刻ごとに分析したものをランニングスペクトルという．

構造物への影響を知るためには，応答スペクトルを用いる方法があるが，詳細は第6章を参照のこと．

4.9 構造物の被害と地震動

地震動の強さを表す指標として，震度や最大加速度などが用いられ，構造物の被害と関連づけられてきた（表4.1参照）．加速度に質量を乗じれば力になるので，加速度が構造物の損傷に影響していることは間違いない．しかし，構造物の損傷と地震動の関係は複雑で，単純な指標だけで表すことは難しい．1993年（平成5年）1月15日の釧路沖地震（$M7.8$）では，釧路気象台で $923\,\mathrm{cm/s^2}$ という重力加速度に近い大きな最大加速度が記録されたが，加速度が大きい割には建物の被害は全壊12棟，半壊72棟と比較的少なかった．

表4.1 地震動の強さ「震度」と震害の関係

施設＼震度	河川堤防	道路	橋梁	下水道管
Ⅳ	一般に被害なし	一般に被害なし	一般に被害なし	一般に被害なし
Ⅴ弱	・堤体に部分的な亀裂	・道路盛土の路肩部における亀裂 ・片切片盛部の亀裂 ・斜面からの落石	・無筋の橋脚，橋台の亀裂	・目地部およびマンホール接続部の被害が一部発生
Ⅴ強	・堤体の沈下，亀裂の拡大 ・液状化発生箇所ではすべり，沈下	・盛土部における大きな地割れ，路肩の崩壊 ・山間部道路斜面の崩壊 ・沿道のブロック塀倒壊，看板の落下	・橋梁取り付け盛土部分の沈下 ・支承部の破損 ・鉄筋コンクリート橋脚の亀裂	・液状化など地盤破壊箇所における目地被害，管路の浮上，沈下
Ⅵ	・亀裂，すべり，沈下 ・液状化にともなうすべり，沈下が多数発生	・道路の地割れ，陥没 ・路体の欠落，道路の斜面・法面の崩壊	・取り付け部の大きな沈下 ・支承部の破損 ・鉄筋コンクリート橋脚の破損	・管の折損，継手の抜け出し ・液状化発生箇所では管の蛇行，抜け出し，不等沈下

[注] 震度のⅤ弱，Ⅴ強は，震度の5弱，5強とは対応していない．

地震動と構造物の被害の関係を詳しく調べるには，個々の構造物に地震動を入力し，動的解析法で一つひとつの部材の応力を計算すればわかるが，計算が複雑になる．

このため，地震動と被害を結びつける指標として，SI値（spectral intensity）が提案されている．SI値は，アメリカのハウスナー（Housner, G. W.）によって提案された地震動の強さを示す指標で，次式で示される速度応答スペクトル（第6章参照）のある周期区間での平均値である．速度応答スペクトルであるので，SI値の単位はカイン［cm/s］である．

$$\text{SI} = \frac{1}{2.4}\int_{0.1}^{2.5} S_V(T h) dT \tag{4.7}$$

ここで，$S_V(T, h)$：速度応答スペクトル，T：時間［s］，h：減衰定数で，一般に0.2を用いる．

周期区間は0.1～2.5秒に設定されているが，この区間は，一般的な構造物の固有周期を包含している．速度応答スペクトルは，ある固有周期と減衰定数の構造物が地震動を受け，振動するときの最大速度である．1質点系として質量をM，速度をVとすると，この構造物の運動エネルギーEは，

$$E = \frac{1}{2}MV^2 \tag{4.8}$$

であるので，SI値は構造物が地震動から得る平均的なエネルギーの値と対応していると考えられる．東京ガスでは，SI値を計測するセンサーでガス供給の自動停止を行っている．参考までに，図4.10にSI値と地震被害の関係を示す．

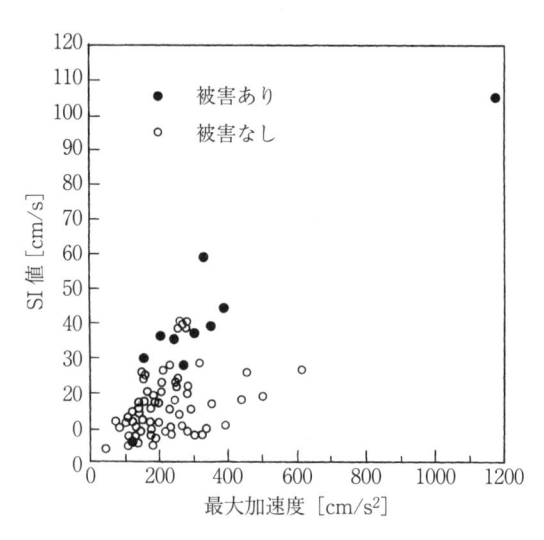

図4.10 SI値，最大加速度と地震被害の関係[2]

Coffee Break

■ 大地震と治安

　大地震になると，人々が不安になり，また，警察力が低下するために治安の悪化が心配される．事実，大正の関東地震ではデマがとびかい，無実の人が殺される事態も生じた．兵庫県南部地震や，東北地方太平洋沖地震では，人々がパニックに陥らず黙々と耐えている姿は海外から称賛された．

　被災地では，若い女性が襲われるとのうわさから，いったん避難所に入った女子学生が被災した寮に戻ったケースもあったが，凶悪犯罪は少なかったと聞いている．ただし，避難した家を狙った空き巣の類はかなりあったようで，震災が犯罪者に格好の機会をつくってしまったのは残念である．

演習問題［4］

4.1 構造物の揺れの大きさや被害の程度に及ぼす地震動の特性について，地盤と構造物の固有周期の関係の考察から説明せよ．ここで，構造物としては，低層・高層建物，一般橋・長大橋，あるいは地下構造物が，堅固あるいは軟弱な地盤に構築された場合を対象として考察せよ．

4.2 強震記録の得られている地震を一つ選び，震央距離と最大加速度の関係を調べよ．

第5章 地震による被害と対策

土木構造物や建築物は，地震によって被害を生じることがある．ここでは，橋梁，ライフライン，河川構造物，道路盛土，斜面，地下構造物など，主として土木構造物に関して，地震による被害の特徴とその対策について述べる．さらに，地震後に生じる火災の発生や交通障害などの二次災害についても述べる．

5.1 橋 梁

5.1.1 橋梁の被害

地震による橋の被害は，橋梁構造物の上から順に，
（1）上部構造の被害，（2）支承・落橋防止構造（装置）の被害，（3）橋脚・橋台の被害，（4）基礎の被害，
に分類できる（図5.1参照）．

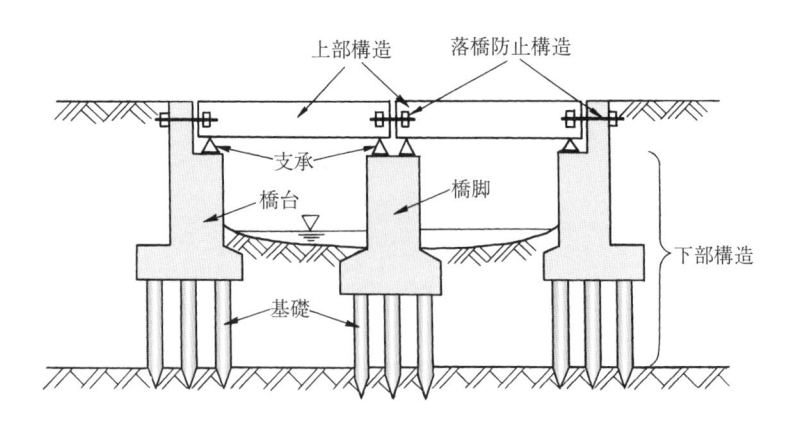

図5.1 橋梁各部の名称

（1） 上部構造の被害

　上部構造の被害は，上部構造の落下（落橋），上部構造の移動・支点沈下，コンクリート桁のひび割れ・剝離，鋼桁の座屈・変形，トラス部材の座屈・変形，伸縮装置の破損などに分類される．

　兵庫県南部地震で落橋の生じた阪神高速神戸線では，全線供用再開までに約1年8箇月を要している．そのほかの落橋した橋でも，国道43号岩屋高架橋が約1年1箇月，国道171号門戸高架橋が約10箇月，名神高速瓦木西高架橋が約6箇月，阪神高速湾岸線西宮港大橋に隣接する単純桁橋が約3箇月間通行止めになっている．このように，上部構造が落下したり，再使用不能となるような大きな損傷を受けると，上部構造を再構築するまでその橋は通行できなくなるため，地震後の長期にわたって間接的な被害（二次災害）が継続することになる．

　落橋は，次の二つのパターンに分類される．

（a） 兵庫県南部地震，阪神高速神戸線の高架橋　　（b） 兵庫県南部地震，国道43号岩屋高架橋

（c） 1990年フィリピン地震，マグサイサイ橋
　　（地盤の液状化によって橋脚が転倒）

図5.2　橋脚の倒壊，転倒による落橋

(a) 橋脚の倒壊，転倒によるもの（図 5.2 参照）

　兵庫県南部地震では，阪神高速神戸線の高架橋と国道 43 号岩屋高架橋が，大きな地震荷重の作用により鉄筋コンクリート橋脚が倒壊し，落橋している．過去には，新潟地震で落橋した昭和大橋のように，地盤の液状化にともなって橋脚が大きく変形し，落橋に至った橋があったが，新潟地震以降は耐震設計に地盤の液状化の影響を考慮するようになって，液状化を主因とする落橋はわが国では生じていない．

(b) 過大な相対変位によるもの（図 5.3 参照）

　兵庫県南部地震では，下部構造天端から上部構造が逸脱して落橋した道路橋が 5 橋あった．このうち，国道 171 号門戸高架橋と名神高速瓦木西高架橋は斜橋，阪神高速神戸線湊川ランプ橋は曲線橋であった．斜橋や曲線橋は，水平面内の回転変位にともなって下部構造天端から上部構造が逸脱しやすい構造となっているため，落橋の危険性が高いものと考えられる．

　（a）　兵庫県南部地震，阪神高速神戸線の高架橋
　　　　（直橋）

　（b）　兵庫県南部地震，国道 171 号門戸高架橋
　　　　（斜橋）

　（c）　兵庫県南部地震，阪神高速神戸線湊川ランプ橋
　　　　（曲線橋）

図 5.3　過大な相対変位による落橋

落橋までには至らないものの，上部構造に大きな損傷が生じるパターンとしては，次のようなものがある．
①　鉄筋コンクリート橋脚のせん断破壊にともなう上部構造の支点沈下による損傷（図5.4参照）．
②　鋼製橋脚の座屈・破断にともなう上部構造の支点沈下による損傷（図5.5参照）．
③　支承から上部構造が逸脱して下部構造天端へ落下することによる損傷（図5.6参照）．

（2）支承・落橋防止構造（装置）の被害
　支承は，上部構造と下部構造を結びつけるものであり，上部構造の慣性力を直接受けて下部構造に伝達する箇所であるので被害も多い．とくに金属支承は，ゴム支承に

図5.4　鉄筋コンクリート橋脚のせん断破壊にともなう上部構造の支点沈下による損傷（兵庫県南部地震，阪神高速神戸線の高架橋）

図5.5　鋼製橋脚の座屈・破断にともなう上部構造の支点沈下による損傷（兵庫県南部地震，阪神高速神戸線の高架橋）

図5.6　支承から上部構造が逸脱し，下部構造天端へ落下することによる損傷（兵庫県南部地震，国道2号浜手バイパス高架橋）

図5.7　支承の被害（アンカーボルトの破断，沓座コンクリートの損壊（北海道東方沖地震，国道244号万年橋））

比べて変形性能に乏しく，壊れやすい傾向がある．支承のおもな被害は，支承本体の破損・ピン破断・ローラー逸脱，支承と上下部構造を連結するアンカーボルトやセットボルトの抜け出し・破断，移動制限装置（上沓ストッパー，下沓サイドブロックなど）の破損，沓座モルタルや沓座コンクリートのひび割れ・損壊などである（図5.7参照）．

落橋防止構造（装置）の被害は，桁連結板やピンの変形・破断，取り付け部の変形・破断などである（図5.8参照）．

(3) 橋脚・橋台の被害

橋脚は，地震時にかかる水平荷重によって被害を受けやすい構造部分である．鉄筋コンクリート橋脚では，
①　基部で曲げ破壊するタイプ（図5.9参照），
②　軸方向鉄筋の段落とし部で曲げ降伏からせん断破壊に至るタイプ（図5.10参照），
③　せん断破壊するタイプ（図5.11参照），

に分かれる．②，③のタイプは①のタイプに比べて変形性能に乏しく，急激な耐力の低下が生じるため危険な破壊形態である．①，②のタイプでは，曲げによる水平ひび割れ，鉄筋降伏，斜めひび割れ，かぶりコンクリート剥離，鉄筋はらみ出し・破断へと損傷が進行する．①のタイプは，変形が大きくなって，かぶりコンクリート剥離が

図5.8　落橋防止構造の被害．（桁連結板取り付け部の破断（兵庫県南部地震，阪神高速湾岸線西宮港大橋））

図5.9　鉄筋コンクリート橋脚の基部で曲げ破壊するタイプ（兵庫県南部地震，国道171号門戸高架橋）

図 5.10 鉄筋コンクリート橋脚の軸方向鉄筋段落とし部で曲げ降伏からせん断破壊に至るタイプ（兵庫県南部地震，阪神高速神戸線の高架橋）

図 5.11 鉄筋コンクリート橋脚がせん断破壊するタイプ（兵庫県南部地震，阪神高速神戸線の高架橋）

生じる段階くらいまでは降伏耐力以上の耐力を保持しているが，②のタイプは，鉄筋降伏後に斜めひび割れが急速に進行し，かぶりコンクリート剥離が生じる段階では降伏耐力以下に耐力が低下している．

1978年の宮城県沖地震（M 7.4）で，②のタイプの橋脚被害が生じたことから，1980年に制定された道路橋示方書では，軸方向鉄筋段落とし部の鉄筋定着長を確保することが規定された．したがって，②のタイプの被害は，1980年の示方書よりもまえの基準で設計された鉄筋コンクリート橋脚で多く発生している．③のタイプの被害は，せん断耐力が曲げ耐力よりも小さいために脆性的なせん断破壊をするもので，水平ひび割れ，斜めひび割れ，コンクリート剥離と損傷が急激に進行し，コンクリート剥離が生じる段階では，降伏耐力以下に耐力が低下している．

鋼製橋脚では，矩形断面橋脚と円形断面橋脚の被害に分けられる（図 5.12, 5.13 参照）．矩形断面橋脚は，鋼板の降伏，座屈，角溶接部の破断と損傷が進行して破壊に至る．一方，円形断面橋脚は，鋼板の降伏，提灯座屈の発生ののち，座屈部が水平方向に切断されて破壊に至る．鋼板の板厚変化部やマンホール部が弱点となって，そこに損傷が集中しやすい．

裏込め土を有する橋台は，橋脚のような地上に突出した構造部分に比べて破壊的な被害は生じにくいが，橋台本体，パラペット，ウィングのひび割れやコンクリートの剥離といった被害がある．

上記のような橋脚・橋台の損傷以外に，地盤の液状化などにともなう橋脚・橋台の傾斜・転倒や沈下が生じることもある．

図5.12　鋼製矩形断面橋脚の座屈・角溶接部破断による破壊（兵庫県南部地震，阪神高速神戸線の高架橋）

図5.13　鋼製円形断面橋脚の提灯座屈・水平方向切断による破壊（兵庫県南部地震，阪神高速神戸線の高架橋）

（4）基礎の被害

基礎の被害としては，杭基礎のひび割れなどの損傷や残留変位が考えられるが，過去の地震で基礎に大きな被害が生じた例は少ない．被害事例としては，新潟地震で昭和大橋の杭基礎が地盤の液状化にともなって大きく変形して落橋した例（3.3節参照）や，兵庫県南部地震で埋め立て地の護岸近傍にあった橋脚の杭基礎に液状化地盤の側方流動の影響でひび割れが生じた例などがある．

以上のような橋梁の一般的な地震被害のほかに，地形変状にともなって落橋などの被害が生じた例もある．

2008年6月14日に発生した岩手・宮城内陸地震（M7.2）では，岩手県一関市内の国道342号に架かる祭時大橋（まつるべ）の秋田県側の橋台が地滑りで約10 m移動し，これにともない橋が落下した（図5.14参照）．被災した橋は，遺構として現地に保存されている．

1999年9月21日に，台湾中部を震源とする集集地震（チーチー）（M_W7.6）が発生した．この地震により，死者約2300人，負傷者約8000人に及ぶ甚大な人的被害とともに，建築物をはじめ，橋梁，電力施設などの社会基盤施設に甚大な被害が生じた．地震により，地表に地震断層が現れ，その変位量は最大で約10 mにも及ぶものとなった．このよ

うな大規模な断層変位が構造物直下を横断することにより，橋梁が落下するなどの被害が多数発生した（図 5.15 参照）．

図 5.14　落橋した国道 342 号祭時大橋（まつるべ）　　図 5.15　断層変位の影響により落下した橋梁（台湾）

特殊な橋梁として横断歩道橋があるが，横断歩道橋は一般に上部構造が軽く地震による慣性力が小さいので，兵庫県南部地震でも大きな被害を受けた歩道橋は少なかった．歩道橋の被害としては，上下部構造の接合部や階段取り付け部の損傷，相対移動などがあった．

5.1.2　橋梁の補修・補強
（1）補修と補強

　地震動を受けて構造物に被害があった場合，倒壊などの大きな被害であれば新規に構造物を建設する必要があるが，被害が軽微であれば補修をして使用するほうが経済的である．最近は補修技術が向上しているので，相当な被害まで補修が可能になっている．補修するか新規につくり直すかは技術的可能性，経済性，工期などを勘案して決めるが，多くの場合，補修するほうが経済的である．

　地震に対する補強の目的は，耐震性能の低い構造物の耐震性を高めることである．土木構造物の寿命は 50〜100 年と長いが，その間に土木構造物に求められる耐震性能は地震被害の経験とともに向上していくので，古い構造物は耐震性能が低いままで取り残されることが多い．

　たとえば，兵庫県南部地震では，新耐震設計基準が導入される 1980 年よりまえの設計基準で設計された建物に被害が多かった．このような建築物は，既存不適格と称されている．

　したがって，古い基準で設計された構造物は耐震補強することが必要となってくる．補強についても，補強するかつくり直すかの判断は補修の場合と同様である．

(2) 補修方法

橋脚を例に，一般的な補修方法について述べる．

(a) 鉄筋コンクリート橋脚（図 5.16 参照）

① 曲げによる水平ひび割れが入った程度の軽微な被害の場合は，耐力の低下はほとんどないので，ひび割れに樹脂を注入して補修し，雨水の浸入などによって鉄筋が腐食するのを防ぐ．

② 斜めひび割れが貫通したり，コンクリートが剥離しているような場合は，鉄筋コンクリートや鋼板で巻き立てて耐力を回復させる．

③ 倒壊したり残留変位が大きい場合は，再構築する．

(b) 鋼製橋脚（図 5.17 参照）

① 座屈が生じているが変形が小さい場合は，座屈変形部を矯正し，中にコンクリートを充填したり，補剛材の添接や鉄筋コンクリートもしくは鋼板の巻き立てを行う．

② 倒壊したり，座屈変形が大きい場合や破断している場合は，座屈変形・破断部を取り替えてコンクリート充填，補剛材添接などで補強したり，再構築する．

補修によって橋脚の重量が増えたり，耐力が大きくなるような場合は，基礎の補強についても検討する必要がある．基礎の被害の有無の確認や被害が生じた場合の補修

図 5.16 鉄筋コンクリート橋脚の補修（巻立て補強：仮受工を行って損傷部をはつったところ（兵庫県南部地震，阪神高速神戸線の高架橋））

図 5.17 鋼製橋脚の補修（損傷部取り替え：仮受工を行って座屈・破断部に補強材を溶接して応急措置をしているところ（兵庫県南部地震，阪神高速神戸線の高架橋））

は大がかりになるため，一般に基礎の耐力が橋脚躯体の耐力を下まわらないようにしたほうがよい．

（3）補強方法

将来の地震に備えて橋梁を補強する場合は，落橋などの重大な被害を防止し，また地震時に被害を受けやすい部分を補強する目的で，橋脚の補強，落橋防止対策，免震化，地盤の液状化・側方流動対策などを行う．

（a）橋脚の補強（図5.18参照）

補強によって，最新の設計基準を満足するレベルに橋脚の耐力や変形性能を向上させることが望ましい．鉄筋コンクリート橋脚では，とくにせん断耐力が曲げ耐力に比べて小さい橋脚や軸方向鉄筋の段落とし部の鉄筋定着長が不十分な橋脚は，せん断破壊もしくは曲げ降伏からせん断破壊に移行するといった脆性的な破壊を起こすため，補強を行う必要がある．補強方法としては，鉄筋コンクリートで巻き立てたり，鋼板で巻き立てて補強する方法が従来から用いられている．また，炭素繊維などの繊維シートを用いた補強方法も実用化されている．炭素繊維は角で切れやすいので橋脚の角を面取りして丸くし，接着剤で橋脚に貼り，その上にコーティングを行う．炭素繊維は布と同じで，取り扱いが簡単であるので仮設を簡略化できる利点がある．一方，コストが高いことや，ナイフなどでたやすく傷つきやすいなどの難点もある（図5.19参照）．

鋼製橋脚では，鋼板の降伏後急激に座屈・破断へと進行しないように，橋脚内部に

図5.18 橋脚の補強（鉄筋コンクリート橋脚の鋼板巻立てによる補強（首都高速道路））

図5.19 炭素繊維シートによる橋脚の補強（ショーボンド建設（株）提供）

コンクリートを充填する方法や，補剛材を添接する方法で補強する．後者の方法の場合，とくに矩形断面橋脚では角部を補強して角溶接部の破断を防止し，円形断面橋脚では，縦リブによる補強などを行うことで，提灯座屈が発生して局部的に変形が集中しないようにすることが重要である．

なお，補修の場合と同様に，補強によって橋脚の重量が増えたり，耐力が大きくなるような場合は，基礎の補強についても検討する必要がある．

（b）落橋防止対策

橋脚の倒壊による落橋の防止は，上記の橋脚の補強によって防止する．

支承部における過大な相対変位による落橋は，下部構造頂部の拡幅による桁かかり長の確保，桁連結装置などの落橋防止構造の設置，上部構造の連続化などによって防止する．

（c）免震化

地震動の卓越周期と構造物の固有周期が近い場合は，共振によって構造物の応答が大きくなる．これに対して，アイソレーターを用いて構造物（上部構造）を柔らかく支持し，構造物の固有周期を長くして地震動の卓越周期から離れるようにすると，応答が減少して慣性力も小さくなる．ただし，柔らかい構造にして長周期化すると変位が大きくなるため，ダンパーを併用して減衰を高めることで変位を低減する必要がある．橋梁の免震化の方法としては，鉛プラグ入り積層ゴム支承や高減衰積層ゴム支承などのように，アイソレーターとダンパーが一体となった免震支承（第6章参照）を用いて，橋の長周期化と減衰性能の向上をはかる方法が一般的である．

（4）地盤の液状化・側方流動対策

地盤の液状化による支持力低減や側方流動によって，基礎が破損したり大きな残留変位が生じる危険性がある場合は，地盤改良などによる液状化防止対策や基礎の補強を考える必要がある．

5.2 ライフライン

ライフラインとは，上・下水道，ガス，電気，電話，道路・鉄道などや，水の処理供給施設，エネルギー供給施設，情報通信施設，輸送施設などの日常生活に欠かせない施設をさすが，狭義の意味では，道路・鉄道は除外されることが多い．線的でネットワークを構成するところに特徴があり，文字どおりの生命線であることからライフラインと称されている．地震によりライフラインが被害を受けると，日常の市民生活に支障を生じるため，二次的な影響が大きいが，線的で長大な延長の施設を地震から守るのは容易ではない．

5.2 ライフライン　**69**

　わが国で地震によるライフラインの被害が注目されるようになったのは，1978年の宮城県沖地震（$M7.4$）による仙台市の被害からである．地震の被害が東北一の大都市に集中したので，都市内のライフラインの被害と復旧について詳しく調査された．一般に，ライフラインは電気→電話→水道→ガスの順に早く復旧する．ガスは安全を点検しつつ工事を行うので時間がかかる．兵庫県南部地震では，ガスと水道の復旧がほぼ終了したのは地震発生後約3箇月後であった（表5.1参照）．

　水道の場合，古い埋設管は鋳鉄管が多いが，鋳鉄管は脆性的で地震時の大きな変形に対応できずに壊れやすい．現在では，耐震対策として変位に対して柔軟に対応できるたわみ性，伸縮性のある継手が用いられるようになっている．このような線状の地中構造物は，地震時に液状化する地盤や硬い地盤と軟らかい地盤の境目での被害が多いことがわかっている．そのため，継手を柔構造にし，地震によるひずみを吸収させる対策が有効である．

　地盤が液状化した場合，周囲の地盤に対して比較的軽い地中構造物は浮き上がり現象をみせることがある．1993年の釧路沖地震（$M7.8$）では，下水のマンホールが液状化で1.2mもせり上がった（図5.20参照）．

表5.1　既往地震におけるライフラインの復旧期間[1]

地震名	発生年	M	電力［日］	水道［日］	ガス［日］
東北地方太平洋沖地震	2011	9.0	99	—	53
兵庫県南部地震	1995	7.3	6	91	85
釧路沖地震	1993	7.8	1	17	22
宮城県沖地震	1978	7.4	2	9	27
新潟地震	1964	7.5	24	90	180
関東地震	1923	7.9	70	90	120

［注］　東北地方太平洋沖地震は内閣府ホームページによる（津波被災家屋を除く，水道は不明）．

図5.20　釧路沖地震によるマンホールの浮き上がり
　　　　（土木研究所提供）

5.3 河川構造物

5.3.1 堤 防

土木構造物の震災復旧技術マニュアル（案）では，堤防の地震による被害を堤防として要求される止水機能の低下を考慮して，表5.2のようにⅠ～Ⅴ型の五つのパターンに分類している．

① パターンⅠは，法面の滑動・崩壊が浅い部分に限られたもので，残る堤体本体が健全であれば残存止水機能は比較的高いと考えられる．このような被災は，地盤は比較的良好であるが，堤体または法面の締め固めが不十分であった場合に生じることが多い．

② パターンⅡ，Ⅱ′は，亀裂が堤体の中央部に及ぶもので，パターンⅠに比べて堤体の止水機能・安定上問題があるものと考えられる．パターンⅡは堤体のかなりの部分に，縦断亀裂・崩壊が生じたものである．パターンⅡ′は，堤体を横断する亀裂が生じたものである．

③ パターンⅢは，基礎地盤の支持力低下が著しいときにみられるもので，基礎地

表5.2 河川堤防の被災パターン[2]

被災パターン	被災模式図	被害形態
Ⅰ型		法面の流出，崩壊または亀裂，段差の発生が法肩に限られるもの
Ⅱ型		堤体のすべり崩壊または縦断亀裂，段差の発生が堤体天端中央部まで及ぶもの
Ⅱ′型		堤体に横断亀裂，段差が発生したもの
Ⅲ型		破壊が基礎地盤に及び，盛土形状が原形をとどめないもの
Ⅳ型		堤体の一様な沈下にともなって，堤体形状をある程度保ちつつ変形したもの
Ⅴ型		構造物背面の堤体盛土が沈下および亀裂を生じたもの

盤が砂質で液状化した場合が多いものと考えられる．

④ パターンIVは，基礎地盤の支持力不足がその原因と考えられるが，とくに，基礎地盤が粘性土，または有機質地盤の場合に多くみられる．

⑤ パターンVは，堤体自体の破壊メカニズムはパターンI〜IVのいずれかに起因するが，とくに杭で支持された構造物が一般に地震時に変形しにくいことから，構造物近傍での亀裂・段差が生じる．この場合にも，パターンII′と同様に堤体横断方向に亀裂が生じ，堤体機能上の問題が多い．

1948年6月28日の福井地震（$M7.1$）では，九頭竜川の堤防に大きな被害があり，その後7月23日から25日にかけて豪雨が被災地を襲った．堤防が応急復旧も間に合わず決壊し，福井市内の大半が浸水した．これは，地震による二次災害である．1964年の新潟地震では，河川護岸や港湾岸壁が損壊し，その箇所から津波や河川水が市街地に浸入して，1万戸以上が床上浸水する被害をもたらした．この浸水は石油タンクから漏れた油を拡散させ，消防活動をさらに困難にしたことから，火災を助長する結果となった．

兵庫県南部地震では，大阪市の酉島地区で淀川左岸の堤防が，基礎地盤の液状化によって約2.4 kmにわたりパターンIIIの破壊を生じ，堤防の最大沈下量は3 mであった（図5.21参照）．幸い河川の水位が低かったために，破堤などの被害には至らなかった．堤防基礎地盤の改良により，液状化を防ぐことやスーパー堤防を建設することで，堤防の耐震性は向上する．スーパー堤防とは土でつくられる幅の広い堤防で，計画規模を超える洪水によって越水が生じても壊れることがないような構造になっている．スーパー堤防は，高さの30倍ほどの幅を土で盛るが，土地の買収はせず，土地の嵩上げをして従来どおり地権者に使用してもらうこととなっている．

図5.21 兵庫県南部地震による淀川堤防の被害
（近畿地方建設局提供）

5.3.2 ダム

ダムの地震による被害は，近年，国内外で報告されている．1999年の台湾の集集地震（$M_W 7.6$）では，台湾中部にある石岡ダム（重力式コンクリートダム）が地表に出現した断層変位により一部が倒壊した（図5.22参照）．東北地方太平洋沖地震では，福島県の農業用ため池藤沼ダム（アースダム，堤高18.5 m）が決壊し，流れ出た泥流により，下流で家屋の流出や死者・行方不明者8名などの被害があった．

図5.22 台湾石岡ダムの倒壊

5.4 道路盛土

道路盛土の被害パターンは河川堤防と同様である．

1994年の北海道東方沖地震（$M 8.1$）では，北海道東部の道路の盛土区間に多くの被害が生じた．路面陥没，沈下，亀裂，路肩崩壊などの被害が，次のような盛土区間で多くみられた．

① 切土から盛土に変わる区間，
② 構造物（橋，カルバート）取り付け区間，
③ 沢を横断する区間，
④ 基礎地盤が横断方向に傾斜している区間，
⑤ 基礎地盤が軟弱な区間．

①，②は，道路構造の急変部で，切土部と盛土部，構造物と盛土の地震時の振動特性の違いによって生じる大きなひずみなどにより，被害が集中しやすいものと考えられる（図5.23参照）．③は，含水比が高い部分が弱点となって被害が集中しやすく，とくに④の条件と複合するような場合に被害が生じやすい（図5.24参照）．④は，盛土底面が傾斜しているために，基礎地盤の低いほうに盛土が崩れ落ちやすい．⑤は，

地震動による基礎地盤の変状によって支持力が低下し，その上に載っている道路盛土に被害が生じるものである．

道路盛土の地震対策は，地震時に盛土部分が崩れるのを防止する補強工，排水工，基礎地盤の液状化防止のための地盤改良などがある．

図 5.23　切土から盛土に変わる区間の道路盛土被害（北海道東方沖地震）

図 5.24　基礎地盤が横断方向に傾斜している区間で，沢を横断する箇所の道路盛土被害（北海道東方沖地震）

5.5　斜　面

斜面に地震動による慣性力が加わると，常時よりも不安定になって斜面崩壊が発生することがある．1993 年の北海道南西沖地震（$M7.8$）では，奥尻島奥尻港の急斜面の幅約 200 m，高さ約 120 m，土量約 10 万 m^3 が崩れ，そのすぐ下にあったホテル洋々荘を押しつぶして 26 名の犠牲者をだした（図 5.25 参照）．1997 年 8 月に，大規模な岩盤崩落のあった国道 229 号の第二白糸トンネル付近も，北海道南西沖地震時に斜面崩落があり通行止めとなっていた．

斜面崩壊により河川がせき止められ，自然のダム湖（震生湖）ができ，しばらくして溜まった水が越流して崩壊し，大規模な土石流を発生させることがある．1847 年（弘化 4 年）5 月 8 日の善光寺地震（$M7.4$）では，虚空蔵山で発生した大規模な山崩れにより犀川がせき止められ，一時は長さ 30 km にも及ぶ震生湖を生じさせた．しかし，地震の 3 週間後に降った大雨で自然のダムが決壊し，下流の家屋 810 戸を押し流して 100 余名の死者をだした．

斜面崩壊は，地震直後だけでなく，地震後の降雨によって引き起こされる場合もある．地震により斜面には亀裂や崩壊が生じ，力学的バランスが崩れるとともに雨水が浸透しやすくなり，降雨により斜面崩壊が発生しやすくなる．

斜面の地震対策は通常の斜面対策同様，日常の点検を行い，法面保護工，落石予防工などを施すことである．

地震動によって地滑りが誘発されることがある．2008年の岩手・宮城内陸地震では，宮城県の荒砥沢ダム北側で長さ約1.3 km，幅約800 m，最大落差約150 m，崩壊土塊約6700万m^3にも及ぶ大規模な地滑りが発生した[3]（図5.26参照）．

図5.25　北海道南西沖地震による奥尻港斜面の崩壊（土木研究所提供）

図5.26　岩手・宮城内陸地震で発生した大規模崩壊（宮城県荒砥沢ダム）

5.6　地下構造物

地下構造物には，ライフラインのほかにトンネルや地下駐車場などがある．地下構造物は歴史が浅く，地震の経験が比較的少ないため，ほかの構造物に比べて不明な点が多い．

一般に，地下から伝播する地震動は，地表に向かうに従って増幅されていく．このため，地下では地表と比べて地震動が小さい．また，地上の構造物と異なり地下では構造物が地盤に拘束されているため，地盤と独立した大きな振動をしない．したがって，地下構造物の地震に対する安全性は高いと考えられるが，被害を受けた構造物もある．

1930年11月26日の北伊豆地震（$M 7.3$）では，掘削中の丹那トンネルを横切る活断層が動き，約3 mのずれが生じた．このため，地震後にずれを修正してトンネルが完成された．新幹線の通る新丹那トンネルを計画したときにこの活断層が問題となったが，次の地震活動まで相当な時間があると判断されたので，活断層を通過するルートで工事が行われた．

同様に，1978年の伊豆大島近海地震では，伊豆急行稲取トンネルで断層が横断したため，トンネルがずれて変形が生じた．

兵庫県南部地震では，神戸高速鉄道大開駅の中柱が 31 本破壊され，地表が長さ約 90 m にわたって最大 2.5 m 陥没した（図 5.27 参照）．この地震では，開削工法部分に被害が集中していた．このため，地下鉄では，開削部の中柱を鋼板巻立てで補強し，せん断破壊を防ぐような対策をしている．

図 5.27 地下鉄大開駅の被害による道路の陥没
（兵庫県南部地震）

丹那トンネルと稲取トンネルの被害は断層のずれによるもので，構造物が活断層を横切るような場合は，その断層の次の活動時期や，ずれの量などを考えて構造物の安全性を検討する必要がある．一方，兵庫県南部地震での大開駅の被害は地震動によるもので，地下構造物に対しても耐震設計を行うことの重要性を示唆している．また，地盤の液状化や側方流動が生じるような場合は，その影響も考慮しなければならない．

5.7 そのほかの土木構造物

5.7.1 舗　装

地震では舗装だけが壊れるのではなく，地盤の沈下，隆起にともなって舗装が破壊されることが多い．車道舗装で問題となるのは段差である．橋梁取り付け部では，橋台そのものの移動や裏込め土の沈下により，取り付け部で段差が発生しやすい（図 5.28 参照）．段差の補修は緊急を要するので，補修用資材の用意はつねに必要であるが，加熱型合材では運搬に時間がかかると使えなくなるので，常温型合材のほうが機動的である．

5.7.2 港湾施設

東北地方太平洋沖地震では，多くの港湾が津波の被害を受けるとともに，地盤沈下により港湾機能に大きな障害をもたらした．港湾施設は海に面しているために津波の

図 5.28　道路の段差の発生（三陸はるか沖地震）

被害も受けやすく，また，埋め立て地が多いので液状化の影響を受けやすい．岸壁は，地震により海に押し出され，それとともにエプロンが沈下しやすい．兵庫県南部地震では，神戸港の港湾施設が液状化などにより壊滅的な被害を受け，物流に大きな影響を与えた（図 5.29 参照）．

液状化の対策には次の方法がある．
① 液状化が予想される土を締め固めるか良好な材料に置き換えたり，セメント注入・混合処理を行って固結させる．
② 間隙水圧を消散しやすくするために，砕石を用いたドレーンなどを打設する．
③ 地下水位を下げる．

図 5.29　岸壁の被害（兵庫県南部地震）

5.7.3　鉄　道

鉄道の被害と地震対策は，橋梁，盛土部，切土部，トンネル部などの土木構造物については道路と同様であるが，大量輸送のため，脱線転覆の場合は多くの犠牲者がで

る可能性がある．とくに，高速で走る新幹線は，脱線転覆した場合には大きな被害が予想される．このため，地震対策としては構造物の耐震性を向上させるほか，第2章で示した地震のP波をいち早く検知し，大地震と判断したら列車を止めるための早朝地震検知警報システム（ユレダスなど）が導入されている．新幹線が地震被害にはじめてあったのは，1995年の兵庫県南部地震である．このときは，神戸市内の山陽新幹線の橋梁が崩壊したが，地震発生時刻が5時46分という営業列車運転前の朝早い時間であったため，乗客，車両の被害はなかった．

　2004年の新潟県中越地震では，地震発生は17時56分という新幹線営業列車運転中の時間帯であった．このときは，上越新幹線の浦佐駅-長岡駅間で10両編成の下り「とき325号」のうち8両が脱線したが，幸い対向列車もなく大きな逸脱もせず，乗客の被害はなかった（図5.30参照）．ただし，ユレダスは，新潟県中越地震のように震源が近い，いわゆる直下型の地震では，P波とS波の到着がほとんど同時になり，十分な役割を果たすことができない．このため，新潟県中越地震以降では脱線・逸脱防止の対策がとられた．たとえば，車両下にL字型のガイドを下向きに設け，脱線したときでもガイドがレールに当たり大幅な逸脱を防ぐことができる機能をもたせた．しかし，横方向から大きな力が加わるとレール自体が転倒するため，脱線した列車をガイドできるようにレール転倒防止装置も開発されている．

　東北地方太平洋沖地震では，東北新幹線は平日の日中で多くの列車が運行されていたが，ユレダスにより地震動が到達するまえに減速が行われ，乗客の被害はなかった．ただし，いままでにない被害として大規模な電化柱（架線を支える支柱）の倒壊が多数発生し，復旧に多大な時間がかかり，東北新幹線が全線復旧したのは49日後の2011年4月29日であった．

　この地震では，在来線がはじめて大規模な津波被害に見舞われ，東北沿岸のJR在

図5.30　新潟県中越地震で脱線した上越新幹線
　　　　（岩立忠夫氏提供）

来線，仙台空港アクセス鉄道，三陸鉄道などでは，線路，橋梁，駅舎，車両の流出や，地下トンネル内の冠水など，さまざまなタイプの被害が発生した（図5.31参照）．

図5.31　JR山田線橋梁の上部構造流出
（岩手県大槌町）

5.8　二次災害

5.8.1　火　災

　地震による二次災害で，最も警戒する必要があるものは火災である．関東地震では，昼食時ということもあって火災が発生し，焼失家屋約45万戸という大災害となった．鎮火したのは42時間後の9月3日午前6時ごろで，約3830 haが焼失した．このときの出火原因は台所の火だけでなく，大学に貯蔵してあった薬品からも発生したことが報告されている．過去のおもな地震の出火原因別件数を表5.3に示す．
　兵庫県南部地震では，地震発生後に神戸市長田区などで火災が発生し，約7500戸が焼失している（図5.32参照）．地震による火災は同時多発であることが特徴であり，倒壊家屋からの出火率が高い．1993年の北海道南西沖地震では，奥尻島青苗地区で津波のあとに火災が発生したが，地震により斜面崩壊が発生して道路が封鎖され，消防自動車が現地に到着するのに時間がかかり十分な消火活動ができなかった．
　兵庫県南部地震では，防火水槽の耐震性が十分でなく役に立たなかったことや，応援にきた他県の消防自動車間の通信周波数が違い，緊密な連絡がとれなかったことなどが報告されている．このように，地震による火災は平常時とは違い，満足な消防活動が期待できないため，住民による初期消火が重要である．
　地震による火災対策は次のとおりである．

表5.3 過去のおもな地震の出火原因別件数[4]

地震名	関東地震 (1923年)	福井地震 (1948年)	十勝沖地震 (1968年)	兵庫県南部地震 (1995年)
発生時間	11：58	16：13	9：49	5：46
薬品（火薬を含む）	47	11	4	3
ガス	15	—	—	15
七輪，かまど， 火鉢，こんろ	181	10	—	1
石油コンロ	3	—	6	—
炊事場・コック室	43	17	—	—
石油ストーブ	—	—	13	9
電気関係 （ガスへの引火を含む）	—	—	—	41
その他	38	5	19	15
不 明	18	—	3	96
総 計	345	48	45	180

図 5.32 鷹取駅付近の焼失状況（兵庫県南部地震）

(1) 火元対策

地震時に，火元を自動的に消火するシステムが必要である．石油ストーブでは，地震を感じると自動消火する装置が義務づけられている．ガスも震度5以上の地震を感じると自動的に栓を閉めるマイコンメーターとよばれる装置が普及している．

兵庫県南部地震では，全体の火災のうち約2割が電気から出火したとされている．熱帯魚飼育用の水槽から飛び出したヒーターが加熱したり，電気ストーブの周囲に落ちたものに引火して出火したケースがあった．このため，感震コンセントが開発された．感震コンセントとは，ある程度以上の揺れを感じると，電気を自動的に遮断するものである．

（2）不燃対策

建物や，カーテン・カーペットなどの建築の内装を不燃化することで延焼を防ぐことができる．

（3）防火用耐震貯水槽

地震時には水道が止まることが多いので，消火栓が機能しないことがある．このため，耐震性のある貯水槽を適宜配置し，地震時でも消火用の水を確保する．

（4）防災空間の確保

道路や公園などの防災空間を確保し，災害時の避難場所にするとともに延焼を食い止めるスペースとする．

（5）初期消火体制の整備

各家庭で消火器を備えたり，つねに消火用の水を用意して初期消火ができる準備をしておく．

5.8.2 交　通

（1）交通障害

地震による二次災害として重要なものに，交通障害がある．交通障害は，その原因によって次の2種類に分類される．

（a）道路の障害によるもの

地震発生後，橋梁の落橋，斜面の崩壊，盛土の崩壊，路面段差の発生などによる道路自体の障害や，道路上に建物，電柱などが倒れることで交通障害が生じ，車が通行できなくなる（図5.33参照）．兵庫県南部地震では，宝塚市内のマンションが道路側に倒れかかり，このマンションを撤去するまで1箇月近く国道が通行止めになった例があった．また，電力電柱が約11000基も折損・倒壊，傾斜，沈下，焼失，ひび割れなどの被害を受け，交通障害をもたらした．

図5.33　道をふさいだ倒壊家屋（兵庫県南部地震）

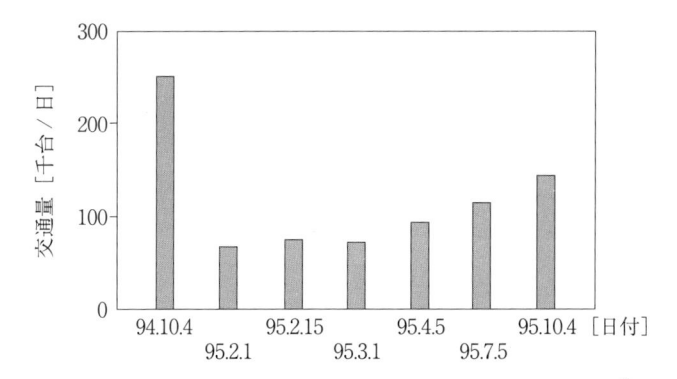

図 5.34　兵庫県南部地震発生前後の芦屋川断面における交通量[5]

　兵庫県南部地震（$M7.3$）では，神戸市の東西の幹線である国道2号，国道43号，および阪神高速神戸線，湾岸線などが被災し，新幹線やほかの鉄道とともに東西方向の交通が長期にわたり分断され，その後の復旧活動のみではなく，日本全体の経済活動にも大きな影響を与えた．図 5.34 は，芦屋川断面の交通量を示しているが，地震後は地震前の3分の1以下に減少している．

　この地震は，わが国で自動車交通普及後にはじめて大都市部で発生した地震であったため，災害時の道路管理の重要性に関して大きな課題を投げかけた．また，この地震では，建物の倒壊による道路障害や，ガス，電気などの復旧活動による道路占用で長期間にわたり交通障害が発生した．

(b) 交通の集中，増大によるもの

　地震によって道路網が寸断されると，機能が残った少ない道路に交通が集中する．また，救急活動や身内の安否をたずねたり，復旧，復興などのために通常より多量の交通が発生する．災害時における道路の役割はきわめて大きいが，交通の目的は災害発生後から，次のように時間的に変化してくる．

　① 救命・救急，避難，消防，
　② 救援物資の輸送，見舞い，災害調査，
　③ 廃棄物の搬出，復旧活動，
　④ 復興活動．

　地震時には，目的地への道路が閉鎖されたり，交通渋滞によって交通に大きな障害が生じることが多い．とくに，人口の多い都市部や，反対に道路網の未発達な山間部ではこの傾向が強い．

(2) 防災対策

　道路管理者の防災対策としては，次のようなものがある．

(a) 事前対策
① 道路ネットワークの整備：バイパス，環状道路などの道路網を充実させ，道路にリダンダンシー（冗長性）をもたせる．
② 防災計画の作成と訓練：非常時に備え，防災計画を作成し，非常時の情報連絡体制の強化や日頃から訓練を行う．緊急輸送路の指定を行い，災害復旧用の道路を確保する．
③ 耐震点検と補強：橋，斜面，盛土などは地震に耐えられるかチェックを行い，耐震性の低い箇所は補強を行う．
④ 路上への倒壊，路下での破壊・沈下が予想される箇所の予測と対策：路上への電柱や建物の倒壊により交通が大きな障害を受ける．このため，電線類の地中化や危険な建物の補強や建て替え・撤去の勧告が必要である．

また，路下の地下構造物の被害によって路面が陥没して交通障害を受けることもあるので，耐震性の低い地下構造物は補強をするなどの対策が必要である．

(b) 事後対策
① 情報収集：地震後は，被災箇所の情報収集が行われる．1994年12月28日に発生した三陸はるか沖地震では，道路に100箇所以上の被害を受けた．そのときの被害の第一報は，道路管理者以外の地元住民や通行者からが多かった．したがって，平時から道路モニターなどを通じて地元住民や道路利用者とコミュニケーションをはかることは有益である．

また，第7章に示すように，地震直後は通信が困難になるため，無線のような公衆回線以外の独自の通信手段をもつことが必要である．
② 情報提供：地震が発生すると道路交通に関する問合せが殺到する．三陸はるか沖地震における道路交通情報センターへの問合せ件数の推移を図5.35に示す．

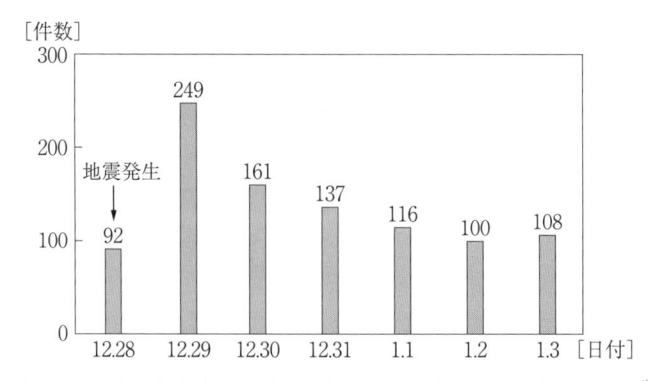

図5.35 三陸はるか沖地震での道路交通情報センターへの問合せ件数[6]

道路利用者への被災箇所，迂回路，復旧の見通しなど，道路情報のすみやかな提供が必要である．このため，平常時から看板，規制標識などのストックや標識車の配備が求められる．
③ 交通規制：被災後は，復旧を急ぐのは当然であるが，それと同時に残された道路網をどのように有効に活用するかが課題であり，道路状況の広報，緊急車両の指定と交通規制，迂回路の確保などが重要である．幹線道路は，バスなどの公共輸送と復旧に必要な車両のみを通すこととし，個人的な車の使用は極力控えてもらわなければならない．とくに，被災後数日間は人命救助や消防など緊急活動に専念する必要があり，自家用車については交通規制をする必要がある．

災害時には，必要に応じて災害対策基本法にもとづき緊急交通路が指定され，緊急自動車以外は通行できなくなる．
④ 代替交通：鉄道が被災した場合にはバスへの転換，道路が被災した場合には鉄道への転換を行い交通を確保する．海や湖沼，河川に面した地域では，船舶を代替交通として活用できることがある．

Coffee Break

■ 震災による交通機関の転換

　震災によって道路障害などによる交通障害が起こり，さまざまな交通機関の転換が発生する．東日本大震災でも交通機関の転換が発生したが，ガソリン不足（第8章参照）により自動車が使いにくくなり，直接被災しなかった地域でも交通機関の転換が発生した．岩手県盛岡市と遠野市での調査では，自家用車から自転車への大規模な転換が発生した．それまで環境対策でノーマイカー運動などをいくらやっても効果が上がらなかったが，このときは劇的な転換であった．自転車は自動車の交通量が少なくなって走りやすい車道を走るようになった．外部から強制的な力がはたらけばモビリティマネジメントは成功するという事例であったが，4月にガソリン供給が正常化するとあっという間にもとの自家用車に戻った．自転車も歩道に戻りもとの木阿弥になってしまった．

演習問題 [5]

5.1 通行止めによる影響の大きな道路は，交通量が多い道路，迂回路が遠まわりになる道路，市役所，駅，港湾，空港，高速道路，病院などへのアクセス道路などである．読者の住んでいる町の道路網を地図でみて，地震時に通行止めになった場合，最も影響が大きくなる橋などを一つ選び，道路網のリダンダンシーについて考察せよ．

5.2 火災，交通障害のほかに地震による二次災害として考えられるものを列挙せよ．

第6章　耐震設計法

　地震によって発生する土木構造物の被害をなくすために，構造物には耐震設計が取り入れられている．しかし，設計で考慮すべき地震と地震動の推定における不確定性をはじめ，完成された設計法ではなく，大地震のたびに想定できなかった被害が生じることがあり，改良が重ねられている．ここでは，土木構造物の耐震設計法について，その歴史，基本的な考え方，制震，免震について述べる．

6.1　耐震設計法の歴史

　構造物を地震から守るための設計方法を，耐震設計法という．複雑な地震現象を構造物の設計に反映させるためには，多分に経験によるところが多い．これまで，大きな地震で被害が発生すると，必要に応じて耐震設計法は改定されてきた．大地震が発生すると，まず綿密な調査が行われ，構造物の被害原因などが検討される．そして，不十分な設計については見直しが行われてきているが（図6.1参照），新たに大きな

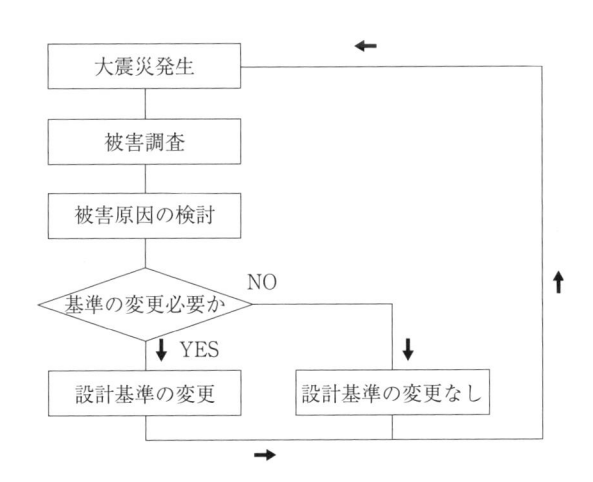

図6.1　耐震設計進化のフロー

地震が起こると，いままでに記録されたことのないような地震動が観測されたり，経験したことのないような被害が発生しているのが現状である．技術の進歩とともに構造物も，地震の経験をまだ十分に受けていない長大橋，超高層建築物などの新たな形式が続々とできており，今後も大地震を経験するたびに新たな知見が得られるものと考えられる．その意味で，耐震設計はまだ発展途上の技術といえよう．

わが国で地震工学の必要性が強調されたのは，1891年10月28日に岐阜県で発生した濃尾地震（$M\,8.0$）以降である．それ以前の土木技術は，地震の少ない欧米の技術の導入であり，地震に対する配慮が欠けていた．

耐震設計の主流である震度法は，1915年に佐野利器により発表された「家屋耐震構造論」で提唱されたものである．その後，1923年の関東地震の被災経験を経て発展した．震度法は，複雑な地震動の破壊力を単純で静的な力に置き換えた点がすぐれており，それ以降，現在までの耐震設計法の主流となっている．関東地震以降，構造物の設計に影響を与えた地震としては，1964年の新潟地震，1968年の十勝沖地震，1978年の宮城県沖地震などがある（表6.1参照）．

兵庫県南部地震は，活断層の活動により都市直下で起こった内陸地震によるもので，震度7というこれまで経験しなかった大きな地震力が作用し，多数の構造物が脆くも崩壊した．この地震の被災経験を受けて，各種構造物の耐震設計法の大幅な改定が行われた．

表6.1　わが国の地震とそのトピック

地震名	発生年	トピック
明治三陸地震	1896	巨大津波災害
関東地震	1923	火災による大災害，震度法による耐震設計の導入
昭和三陸地震	1933	大規模津波災害
福井地震	1948	都市直下地震，震度7追加のきっかけ
新潟地震	1964	液状化，石油タンク火災
十勝沖地震	1968	鉄筋コンクリート構造物の被害
宮城県沖地震	1978	ライフラインの機能損失，ブロック塀の倒壊
日本海中部地震	1983	津波災害
長野県西部地震	1984	大規模斜面崩壊
北海道南西沖地震	1993	津波，火災の複合災害
兵庫県南部地震	1995	大規模都市災害，震度7の初適用
東北地方太平洋沖地震	2011	巨大津波災害

6.2 耐震設計法の基礎

現在の耐震設計法の大部分は，兵庫県南部地震の調査をもとに改定されたものであり，土木構造物のうち代表的な橋梁については，「道路橋示方書・同解説」が兵庫県南部地震を機に 1996 年 12 月に改定されている．さらに同示方書は，東北地方太平洋沖地震後の 2012 年 3 月にも改定されている．ここでは，耐震設計法の基本について述べることとする．

6.2.1 耐震設計法の種類

一般の構造物の耐震設計では，水平方向の地震力のみを考慮し，鉛直方向の地震力は考えない場合が多い．これは，一般の構造物では水平力に比べて鉛直力の影響が小さいことや，いままでの経験では地震時に鉛直力で壊れたような事例がほとんどないことなどから，鉛直力を考えてわざわざ計算を煩雑にする必要がないとみなされているからである．

兵庫県南部地震でも神戸海洋気象台で $332\,\mathrm{cm/s^2}$ の大きな鉛直方向の加速度が観測されたが，被害を受けた構造物のほとんどは水平方向の地震力で損傷したと考えられている．ただし，鉛直力と水平力の複合作用など不明の点もあり，今後の研究の進展が待たれる．耐震設計法には，次に示すいくつかの種類がある．

（1）震度法

いままでの耐震設計法の主流は，地震力を静的な力に置き換えて構造物に作用させて計算する方法であり，震度法とよばれている．地震時に構造物に作用する慣性力 F の値は，加速度 α と質量 m の積で表されるが，震度法ではこの慣性力を設計計算上，次のような静的な力に置き換えて考える（図 6.2 参照）．

$$F = \alpha \cdot m = \frac{\alpha \cdot W}{g} = kW \tag{6.1}$$

ここで，F：慣性力 [N]，α：加速度 $[\mathrm{m/s^2}]$，m：質量 [kg]，W：重量 [N]，g：重力加速度（$9.8\,\mathrm{m/s^2}$），k：設計震度．

震度法による耐震設計では，構造特性に応じて式 (6.1) で算出した力を集中荷重として構造物の重心位置に作用させたり，場合によっては分布荷重として作用させて設計計算を行う．この震度法は簡便な方法なので，関東地震以降，現在まで設計に最もよく用いられてきた．

なお，耐震設計に用いる震度（seismic coefficient）は，第 1 章で述べた地震動の強さの震度（seismic intensity）と混同されやすいが，まったく別であり，後者は前者

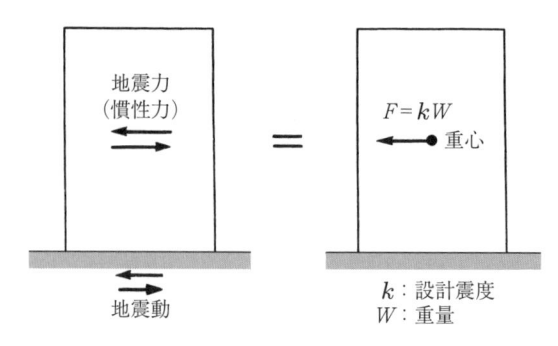

図6.2 震度法の考え方

と区別するために震度階級とよばれる場合がある．

（2）応答変位法

ライフラインや地下街などのように地中にある構造物は，周囲の地盤の拘束によって自己振動は抑制され，また，周囲の地盤に振動エネルギーが拡散する逸散減衰が大きく，自己振動はすぐに収まってしまう．このようなことから，地震時の地下構造物の動きは地盤の振動に追従したものとなり，地震の影響としては周辺地盤の相対変位が支配的になる．このため，地盤の変位を強制的に構造物に与えて，応力を静的に計算するのが応答変位法である．

応答変位法では，自然地盤の応答変位を地盤ばねを介して構造物に作用させ，構造物の周面せん断力，慣性力を加えて応力計算を行う（図6.3参照）．地表面から z [m] 下の自然地盤の最大応答変位 $U_{\max}(z)$ は，次式で表される．

$$U_{\max}(z) = \frac{2}{\pi^2} S_V T_G \cos\left(\frac{\pi z}{2H}\right) \tag{6.2}$$

ここで，S_V：基盤面における速度応答スペクトル [m/s]，T_G：表層地盤の固有周期 [s]，H：表層地盤の厚さ [m]．

（3）動的解析法

動的解析法とは，構造物の動的挙動を時刻歴応答解析法や応答スペクトル法などにより解き，構造物の応力や変形の解析を行う方法である．時刻歴応答解析法は，地震動の加速度波形を入力し，構造物の時々刻々の応答を計算する手法である．特定の地震動に対して詳細に検討する方法で，構造部材の降伏後の非線形挙動を解析することも可能である．応答スペクトル法は，地震動入力に対する最大応答を簡便に求める方法で，特定の地震動だけでなく多数の地震記録を統計処理し，標準化したものを入力して応答を求めることも可能である．応答スペクトル法については次に詳述する．動的解析法は，斜張橋や吊橋など地震時の挙動が複雑な構造物の耐震設計に適用される．

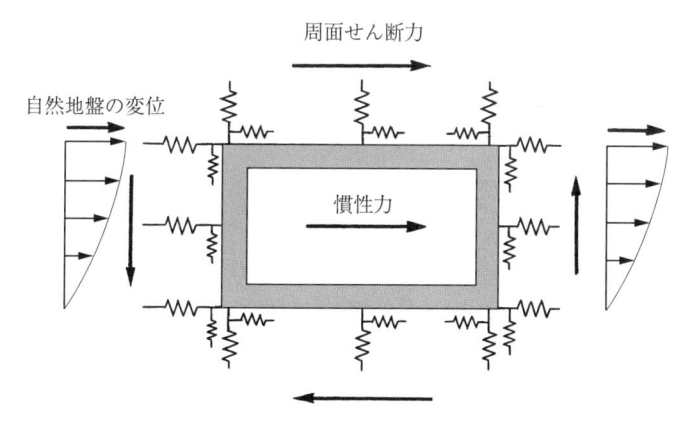

図6.3 応答変位法のモデル

6.2.2 応答スペクトル法
(1) 応答スペクトル

第4章で述べたように，地震波はさまざまな周波数成分で構成されている．しかし，地震波のスペクトルが構造物へどのような影響を及ぼすかは直接読みとることはできない．このため，応答スペクトルが利用されている．

応答スペクトルは，1自由度系のさまざまな固有周期・減衰定数の構造物が，ある地震波にさらされた場合の最大応答値をスペクトルで示したものである．つまり，図6.4のように，ある固有周期をもった構造物に，ある地震波を作用させ，その最大応答値（加速度，変位など）を記録し，固有周期～応答値平面にプロットすると応答スペクトルになる．この作業は計算機によって行われ，実際に模型をつくって振動実験をするわけではない．

したがって，応答スペクトルをみれば，ある固有周期と減衰定数をもつ構造物が，その地震波にさらされた場合のおおよその最大応答がわかる．応答には，加速度，速度，変位があるが，力に関係する加速度の応答スペクトルがよく利用される．

1自由度系の最大応答加速度，最大応答速度，最大応答変位の間には，減衰定数があまり大きくないときに，近似的に次の関係が成り立つ．

$$\left.\begin{array}{l} S_V(T, h) \fallingdotseq \omega S_D(T, h) \\ S_A(T, h) \fallingdotseq \omega S_V(T, h) \fallingdotseq \omega^2 S_D(T, h) \end{array}\right\} \quad (6.3)$$

ここで，T：固有周期 [s]，h：減衰定数，ω：固有円振動数（$=2\pi/T$）[rad/s]，$S_A(T, h)$：加速度応答スペクトル [cm/s^2]，$S_V(T, h)$：速度応答スペクトル [cm/s]，$S_D(T, h)$：変位応答スペクトル [cm]．

応答スペクトルの性質は，

T_1, T_2, T_3：固有周期　　　　応答波形

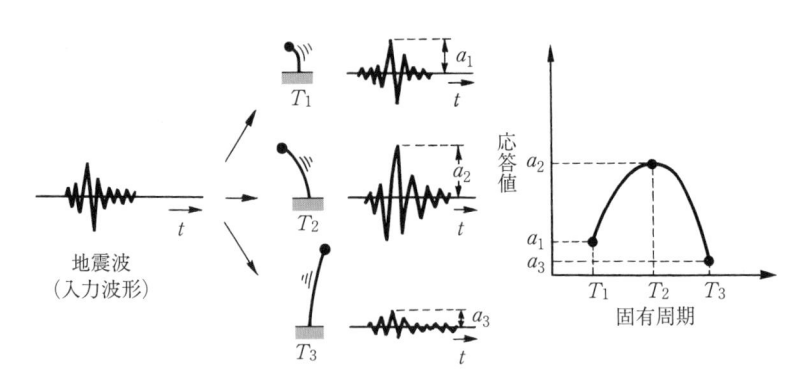

図 6.4　応答スペクトルの考え方

- $T \to 0$ のとき

T が 0 に近づくと，構造物が剛体に近くなることを意味するので，地盤と同じ動きをするようになり，

　$S_A \to$ 地盤振動の最大加速度

となり，地盤との相対速度，相対変位は 0 に近づくので，

　$S_V \to 0$

　$S_D \to 0$

となる．

- $T \to \infty$ のとき

T が無限大になることは，構造物の剛性が小さくなり復元力がなくなることを意味し，構造物は動かない．したがって，

　$S_A \to 0$

となり，地盤との相対速度，相対変位は，

　$S_V \to$ 地盤振動の最大速度

　$S_D \to$ 地盤振動の最大変位

となる．

図 6.5 は，応答スペクトルの例である．応答スペクトルの大きさや形状は入力される地震動により異なるが，この図からわかるように，一般に長周期になると加速度応答が急速に小さくなる性質がある．すなわち，固有周期が長い構造物は地震時に作用する地震力が小さいことを示しており，この性質を利用して超高層建築が設計されている．建築物は，一般に高層になるほど固有周期が長くなり，階数 × 0.1 秒が固有周期の目安とされている．

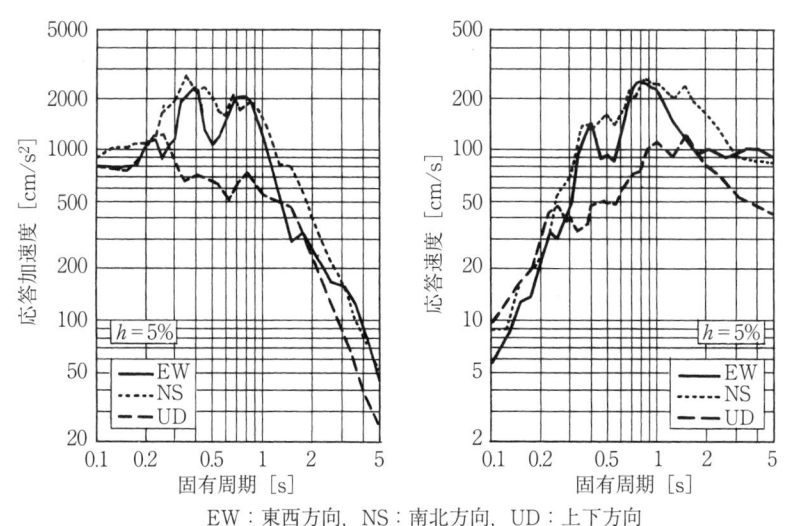

(a) 加速度応答スペクトル　　　　　　　　(b) 速度応答スペクトル

図 6.5　兵庫県南部地震における神戸海洋気象台の観測波形の応答スペクトル

構造物に入力される地震動は地震や地盤によりまちまちであり，それによって構造物の地震応答もさまざまである．設計に応答スペクトルを応用するには，過去の地震記録波を分析し，地盤の種別ごとに標準的な応答スペクトルを用いる手法がとられている．

（2）応答スペクトル法

応答スペクトル法は，応答スペクトルを用いた簡便な動的解析法である．構造物が複雑な多自由度系になると，一つの固有周期だけでなく，複数の固有周期とそれに対応する振動モード（振動形）が存在する．応答スペクトル法は，構造物の加速度，変位などの応答の最大値を応答スペクトルにより各モードごとに求め，足し合わせることにより多自由度系構造物の最大応答値を計算するものである．

一般に，各モードごとの最大応答が同時に出現することはなく，単純に足し合わせると過大になるので，次式のように二乗の和の平方根で近似する．

$$A = \sqrt{\sum_{i=1}^{n} \{\Gamma_i X_i S(T_i)\}^2} \tag{6.4}$$

ここで，A：最大応答値，T_i：i 次の固有周期，$S(T_i)$：周期 T_i での応答スペクトル，Γ：i 次の刺激係数（全体の振動に対する i 次モードの振動の関与の度合いを示す係数），X_i：i 次の振動モード（振動形）を表す基準関数．

6.2.3 設計地震動と耐震性能

　構造物の耐震設計は，建設地点において発生する可能性のある地震動とその地震動に対して構造物の機能に応じて保持すべき性能の達成を目標として行う．たとえば，兵庫県南部地震では，阪神高速道路の高架橋が倒壊するなどの大きな被害が発生し，全面供用再開に至るまで約1年8箇月を要し，社会経済活動に多大な影響を及ぼした．このような甚大な被害の経験から，考慮すべき地震動と目標とする耐震性能を明確にした耐震設計法が主流となっている．

　道路橋示方書では，耐震設計の基本方針を以下のように規定している[1]．

① 橋の供用期間中に発生する確率が高い中程度の強度の地震動（レベル1地震動）が作用しても，構造部材が降伏などをしないで健全性を保持する．

② 関東地震での東京周辺や兵庫県南部地震での神戸・阪神地域で経験したような，橋の供用期間中に発生する確率は低いが大きな強度をもつ地震動（レベル2地震動）が作用しても，重要度が標準的な橋は落橋などの致命的な被害に至らず，また，とくに重要度が高い橋についてはすみやかな機能回復が可能な限定された損傷にとどめる．橋の重要度は，高速道路や国道などの道路種別や地域の防災上の計画などから設定する．

　レベル1地震動としては，設計震度で0.1～0.3程度の地震力を作用させて，橋の健全性が損なわれないことを弾性解析にもとづく応力度，支持力，変位などによって照査する．レベル2地震動としては，設計震度で1.2～2.0程度の地震力を作用させて，構造部材の損傷の進展による塑性化とエネルギー吸収も考慮して変形性能や残留変位，断面力などによって照査する．耐震設計では，地震の影響による慣性力のほかに，地震時に作用する土圧，動水圧，地盤の液状化・流動化の影響なども考慮する．

　道路盛土や河川堤防などの土構造物の耐震設計においても，橋梁と同様に，レベル1地震動とレベル2地震動の2段階の地震動を考慮する[2]．たとえば，道路盛土では，耐震設計上の要求性能としては，

① 盛土として健全性を損なわない，

② 損傷が限定的なものにとどまり盛土としての機能の回復がすみやかに行うことができる，

③ 損傷が盛土として致命的とならない，

という三つの性能を路線の重要度に応じて選定する．重要度の高い盛土に対しては，レベル1地震動に対しては①を，レベル2地震動に対しては②を確保する．重要度が標準的な盛土に対しては，レベル1地震動に対して②を，レベル2地震動に対しては③を確保するように設計する．盛土に対する地震の影響としては，地震動の作用による慣性力と液状化の影響を考慮する．地震動の作用に対して，盛土の安定性の照査を

行い，盛土および基礎地盤がすべりに対して安定であること，あるいは変位が許容変位以下であることを円弧すべり法などによって照査する．

6.3 制震・免震

6.3.1 制震・免震の概念

　1923年の関東地震から最近まで，耐震設計の基本は仮定した地震力に耐えられるだけの強固な構造物をつくる思想であった．これに対し，地震時の構造物の揺れを制御して抑えたり，地震動が構造物に伝達しないようにする制震・免震といった新しい考え方が，1960年以降に建築の分野で現れてきた．土木分野での導入は比較的遅く，1970年代にニュージーランドで橋梁にはじめて取り入れられ，わが国で最初の免震橋梁である宮川橋（静岡県）が完成したのは，1991年3月であった（図6.6参照）．
　一般に，制震・免震構造とは次のようなシステムをいう．

（a）わが国初の免震橋（宮川橋，静岡県周智郡春野町の一般国道362号に架設された橋長105.8 m の3径間連続鋼鈑桁橋）　　（b）宮川橋に用いられた免震支承（道路橋の適切な長周期化および地震力の分散をはかるとともに，減衰性能を向上させる免震設計の要となる免震支承．鉛プラグの塑性変形により減衰性能を発揮する鉛プラグ入りゴム支承）

図6.6　宮川橋（土木研究所提供）

（1）地震動を伝達させない
　制震・免震構造の最も理想的なものは，地震動を構造物に伝えないように磁気浮上などで構造物を地震動から物理的に絶縁することである．最近，摩擦の少ないベアリングとレールを用いた可動基礎により，地震時の地盤から建物への振動の伝達を小さくする工法が開発された．

（2）地震動の卓越周期と構造物の固有周期を一致させない
　地震動の卓越周期と構造物の固有周期を，積極的に離してしまうことで振動を抑え

る方法である．付録の「振動の基礎理論」に示したように，地震動の卓越周期と構造物の固有周期とが一致すると，共振して構造物の応答振動が大きくなり，危険な状態になる．このため，構造物の固有周期を地震動の卓越周期より長くし，共振を避けるものである．固有周期をのばすには，橋の支承や建物の支持部分にゴムと鋼板が互層になった特殊なゴム（積層ゴム）を用いて柔らかく支持する方法などがとられている．

（3）外力を加えて振動を抑える

構造物が揺れる方向と反対方向から力を加えれば，振動を抑えることができる．実際は空中に反力をとることはできず，そのとり方が難しいが，構造物のなかに固有周期がきわめて長いおもりを置けば，地震の周期の短い揺れではほとんど動かないので，反力がとれることになる．

さらに，積極的にアクチュエーターなどでおもりを制御し，地震動の揺れと反対に動かして揺れを小さく抑える方法もある．ただし，大きな地震動まで制御しようとするとおもりの重量が非常に大きくなってしまう．このため，実際は構造物の重量の

（a）明石海峡大橋

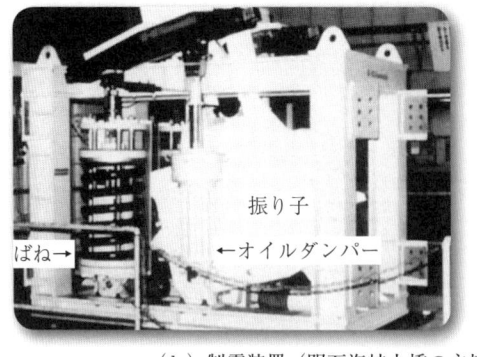

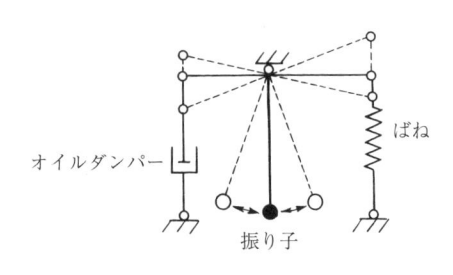

（b）制震装置（明石海峡大橋の主塔1基中に20台設置されている）

図6.7　明石海峡大橋の制震装置（いずれも本州四国連絡橋公団提供）

0.3〜1％程度のおもりを用いて，風や中小規模の地震による構造物の揺れを抑えるために吊橋や斜張橋のタワーや超高層建築物などで適用されている例がある（図6.7参照）.

（4）エネルギーを吸収する

構造物のなかに減衰機構（ダンパー）を設置し，振動エネルギーを吸収するものである．（2）の構造物を柔らかく支持して固有周期を長くするのと併用して，変位が大きくならないように減衰を大きくするために用いられることが多い．

（5）その他

構造系の力学特性（剛性や減衰特性）を地震動に対応して変えることによって，固有振動数を変化させて共振を避ける方法をアクティブバリアブルスティフネスという．

6.3.2 制震・免震の方式と適合性

制震および免震には，アクティブ方式とパッシブ方式とがある．アクティブ方式は，振動のセンサーとコンピューター，アクチュエーターなどを備え，地震時に能動的にシステムをコントロールするものである．一方，パッシブ方式は，構造物の揺れに応じて受動的に稼働するものである．アクティブ方式は地震の揺れにきめ細かく対応できて制震効果が大きいが，システムを常時稼働状態にしておく必要があり，一般に，ランニングコストやイニシャルコストがともにパッシブ方式より高い．建築分野では，アクティブ方式，パッシブ方式ともに採用されているが，土木分野で実用化されているのは，現在のところパッシブ方式のみである．

橋梁では，下部構造から上部構造に地震動を伝える支承を免震支承にすることが行われている．免震支承は，アイソレーターとダンパーから構成されている．

アイソレーターは橋の固有周期を長くするために，積層ゴムで柔らかく支持するもので，ダンパーは地震の振動エネルギーを吸収して振動を抑えるものである．免震支承には，鉛プラグ入り積層ゴム支承，高減衰積層ゴム支承などがある（図6.8参照）．積層ゴムは，ゴムと鋼板のサンドイッチ構造のアイソレーターで，鉛プラグはダンパーの役割を果たしている．

橋梁の場合，すべての橋梁で免震構造が適しているわけではない．適しているのは，
① 地盤が固く，液状化などしない場合，
② 下部構造の剛性が高く，橋の固有周期が短い場合，
③ 多径間連続橋，
などで[1]，反対に適していないのは，
① 基礎地盤が液状化するような場合，
② 下部構造のたわみ性が大きく，固有周期が長い橋，

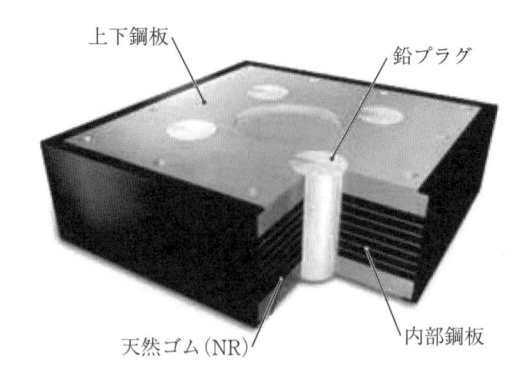

(a) 鉛プラグ入り積層ゴム支承

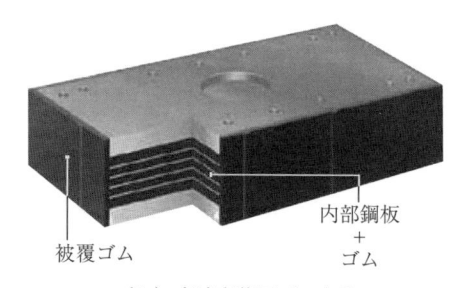

(b) 高減衰積層ゴム支承

図6.8 免震支承((社) 日本支承協会提供)

③ 基礎周辺の地盤が軟らかく,橋を長周期化すると共振を起こす可能性がある場合,
④ 支承に負反力が生じる場合,

などである.

兵庫県南部地震の際に,免震設計された建物や橋は被害がなく,その免震効果が実証されたことなどから,同地震以降免震構造物が増えている.

Coffee Break

組積造の撤退

　れんがなどを積み上げてつくる組積造は，ヨーロッパの伝統的な建物の構造様式である．わが国でも明治維新以降にヨーロッパの組積造が導入され，横浜や東京で多くの建物が建築された．しかし，組積造は地震の少ないヨーロッパで発達した建築技術であり，耐震性は低かった．はからずもこのことが証明されたのは1923年の関東地震で，組積造建物は壊滅的な被害を受け，これ以降，組積造の建物はわが国から姿を消すことになった．れんがづくりの組積造建物は堅固で火事にも強く，わが国の木造建物と比べてすぐれた点も多かったが，結局，耐震性では木造家屋に勝てなかった．木造家屋は，わが国の風土に適合している適正技術の例と考えられる．

演習問題［6］

6.1　震度法，応答変位法，動的解析法の特徴を整理して述べ，おのおのについて適用することが妥当であると考えれられる構造物を列挙せよ．

6.2　兵庫県南部地震を契機として構造物の耐震設計法が改良されたものがあるが，道路橋を例にとり，どのように変化したかを述べよ．

6.3　本章で紹介した以外の制震もしくは免震構造物の具体例を調べ，そのメカニズムについて述べよ．

第7章　調査と災害対策

　地震発生後，すみやかに被害状況の把握と震災復旧や今後の地震対策のために調査が行われ，復旧などの災害対策が行われる．ここでは，地震後に行われる調査と，道路啓開など地震後の応急的な災害対策について述べる．さらに，防災に強いまちづくりや，それに必要な被害予測，リアルタイム地震防災という，地震発生直後に情報通信ですばやく対応をはかる手段などについて述べる．

7.1　地震災害の調査

　地震災害の現地調査は，地震発生後すみやかに行う必要がある．地震に限らず災害は，調査の目的であれ，災害復旧であれ，救命救急であれ，どこで何が起こったかの全容をいち早く把握することが必要である．このため，ヘリコプターや飛行機による空からの調査は，全容を把握するために望ましい（図7.1参照）．夜間に発生した場合は，空中からの観測が難しく二次災害の危険性があるので，特別な場合を除き昼間に調査をしたほうがよい．交通渋滞により車両による調査が難しい場合があるので，徒歩や自転車，二輪車による移動も考える必要がある．

　地震災害の調査は，大学・研究所などが学術的に行う場合や，道路などの公共物の

図7.1　国土交通省の防災ヘリ「みちのく」

管理者が安全点検のために行う場合などにより，視点と方法が若干異なる．後者の場合，その目的は被害状況の概要把握と二次災害の危険性の把握である．調査は段階をおって行われ，地震発生直後に行う調査と，それ以降に行う調査とに分類される．ここでは，地震発生直後に行う調査について，以下に述べる．

7.1.1 道　路
　道路管理者の場合，地震発生後自らが管理する道路が正常な機能を有しているかを点検することが第一目的である．地震発生後，ただちにパトロールを開始し，まず車の通行に支障がないか，陥没，沈下・段差，亀裂，崩壊，落下物などおもに路面を調査する．次に，橋，トンネル，擁壁などの構造物や，盛土，斜面・切土法面などを調査し，異常がないかを点検する．点検のポイントは次のとおりである．
（1）橋　梁
　落橋，下部構造の異常（鉄筋コンクリート橋脚のコンクリートひび割れ・剥離・鉄筋はらみ出し・破断，鋼製橋脚の座屈・破断，橋脚傾斜・沈下など），上部構造の異常（損傷，沈下，移動など），支承・落橋防止構造・伸縮装置などの異常．
（2）トンネル
　覆工の異常（ひび割れ，はらみ出し，剥落，漏水など），ジェットファン・灯具などの外れ，坑口周辺の崩壊．
（3）擁　壁
　傾き，はらみ出し，ひび割れ，湧水，上部地山の異常．
（4）盛　土
　亀裂，陥没，沈下・段差，崩壊．
（5）斜面・切土法面
　崩壊，落石．
（6）工事現場
　切土・盛土箇所，締切・土留工および施工中の構造物の崩壊，破損．

7.1.2 河川・海岸
（1）堤防・護岸
　堤防の亀裂，陥没，沈下，崩壊，特殊堤・護岸の傾き，はらみ出し，ずれ，ひび割れの状況とその場所，おおよその延長．
（2）ダム，堰・床止・水門・樋門・樋管・揚排水機場などの工作物
　外観できる箇所の亀裂，陥没，沈下，崩壊，破損，変形，傾斜などの状況．

(3) 堤防兼用道路

亀裂，陥没，沈下・段差，崩壊．

(4) 工事現場

内容は道路の場合と同じである．

点検はおもに目視で行い，写真，ビデオなどで記録をしておく．ただし，余震などにより二次災害が発生する可能性があるので，調査時の安全性には十分注意をする必要がある．

7.1.3 地震動の調査

地震災害の調査の基本的なものとして地震動の調査がある．まず，現地での地震動の大きさを調査することが重要である．現地に既存の強震計がある場合は，最大加速度とその方向を記録する．強震計が普及する以前には，地震動の推定には墓石と木造家屋の倒壊率がよく用いられてきた．現在でも強震計が近くにない場合は墓石を調査することがある．墓石はどの地域にでもあり，ほぼ同じ大きさなので，その倒れ方と倒れた方向により地震動の大きさと主要な方向が推定できる（図7.2参照）．

図7.2 墓石の倒壊（土木研究所提供）

墓石を角柱と仮定し，角柱に水平力が加わって，重力との合成力の方向が角柱の底面から外れたときに転倒すると仮定すると，転倒の条件は，次のとおりである．

$$\frac{\alpha}{g} \geq \frac{b}{h} \tag{7.1}$$

ここで，α：水平加速度，g：重力加速度，b：角柱の振動方向の幅，h：角柱の高さ，$\alpha/g = k$は水平震度．

わが国の墓石のプロポーションはb/hが0.25〜0.4が一般的であり，水平加速度450 cm/s^{2}程度以上の推定はできない．

7.1.4 携行用具

地震災害調査の携行用具はその目的によっても異なるが，一般的なものは地図，磁石，巻尺，双眼鏡，カメラ，ビデオカメラ，懐中電灯，電池，野帳，筆記具，ラジオ，携帯電話，簡単な救急用品，ヘルメット，身分証明書などである．

服装，靴は歩きやすい格好とし，食糧，水も現地では混乱して入手しにくいので携行したほうがよい．

7.2 地震災害対策

第5章では，個別の構造物などの主としてハード面の対策を述べたが，災害対策は個々の構造物の耐震対策だけでなく，防災体制（防災計画），都市計画，交通などのソフト面を含めた総合的な対策が必要である．ここでは，ソフト的な対策について述べる．

地震災害対策には風水害など，ほかの災害と同様に事前と事後がある．すなわち，地震の発生するまえに準備と対策をしておくことと，発生後にすみやかに対応することである．危機管理はほとんどが事前対策（震前対策）と事後対策（震後対策）の組合せで行われる．

7.2.1 震前対策

震前対策とは，地震が発生するまえにできるだけの準備をすることである．震前対策のうち都市計画に関する事項は7.3節で述べる．

（1）施設の点検と補強

河川管理施設や，道路などの社会資本の施設を事前に耐震点検し，耐震補強が必要な施設の把握をする必要がある．補強が必要な施設は対策をすみやかに実施しておく．ただし，予算には限りがあるので，対策効果の高いところから重点的に実施していくことが重要である．

（2）防災体制の整備と訓練

防災体制を作成し，平時から防災訓練を行っておく．平時から訓練しておかないと，いざというときに機能しなくなる．地震防災の訓練は，通常，1年に1回防災の日（9月1日）に行われている．訓練は実際に地震が起こったと想定し，情報連絡訓練，参集訓練などを行う．防災体制では，体制に入る基準（たとえば，地域内で震度4が発生したなど）を明らかにし，指揮系統と連絡体制を明確にしておく必要がある．

（3）通信連絡体制の整備

地震災害情報の収集，連絡，提供に必要な施設の整備を行う．とくに地震時は被災

地に電話が殺到し，NTTなどの民間の通信網が機能しなくなることが多いので，一般回線では災害時優先電話の設定，無線（防災行政無線）や専用回線（国土交通省：マイクロ通信網，警察：警察電話など），衛星通信などを確保しておく必要がある．インターネットも災害時には有効である．関係機関の電話番号，ファックス番号も平時から把握しておかないと災害時の連絡に支障をきたすことが多い．

7.2.2　震後対策

　震後対策とは，地震災害発生後，災害対策を行って被害を軽減させることである．災害発生後，自治体などにより災害対策が開始される．災害対策は，道路などの公共物の復旧対策と，住民の対策に分類されるが，ここでは前者について述べる．

（1）災害対策体制

　地震発生後，自治体など関係行政機関に災害対策体制がしかれ，対策部が設置される．災害対策部の役割は地震災害の対策を行うことであり，その内容は，
- ①　地震被害の把握，
- ②　人命の救助，
- ③　住民避難の誘導，
- ④　緊急対策の実施，
- ⑤　関係機関との連絡，

である．

　災害対策部を設置する理由は，災害時においては緊急に情報を入手して対策を行うには通常の業務体制では十分ではないからである．したがって，災害対策体制に入った場合はその行政機関のほかの機能は低下することになる．

　小さな災害のときにも大きな災害のときにも，同じ組織では効率が悪い．そこで，災害対策体制は，危険の潜在性の大きさにより，注意体制→警戒体制→非常体制（各体制では参集人数が異なり，順次増えていく）の段階をおって設置される．たとえば，国土交通省では表7.1のように設定されている．

　風水害の場合は，累積する降雨量や漸増する河川の水位などにより，注意体制から非常体制までに順次移行していくが，地震の場合は最初から非常体制になることもある．

　対策部の廃止は，災害復旧がおおむね完了し，二次災害のおそれがなくなったときに行う．

（2）道路啓開

　災害後の救命救急，調査，復旧のため，すみやかに緊急輸送路を中心に道路を使用できる状態にしなければならない．道路上の崩土，放置車両，倒壊家屋・電柱などの

7.2 地震災害対策

表 7.1 災害対策体制の例

体制別	体制に入る基準
注意体制	管内で震度 4 地震が発生した場合 気象庁が管内の地域で津波注意報（ツナミチュウイ）を発表した場合 管内の震度にかかわらず，被害が発生するおそれがある場合
警戒体制	管内で震度 5 弱または 5 強（東京 23 区内を除く）の地震が発生した場合 気象庁が管内の地域で津波警報（ツナミ）を発表した場合
非常体制	管内で震度 6 弱以上または東京 23 区内で震度 5 強以上の地震が発生した場合，および地震による重大な被害が発生した場合 気象庁が管内の地域で津波警報（オオツナミ）を発表した場合，および津波による重大な被害が発生または発生のおそれがある場合

障害物を排除し，応急的な処置をして道路を使用できる状態にすることを道路啓開という．

2011 年の東日本大震災では，マグニチュード 9.0 の地震による強い地震動と津波によって甚大な被害を引き起こした．とくに，太平洋沿岸では，10 m を超えるような津波によって激甚な被害となった．

このような災害緊急事態に対して，国土交通省東北地方整備局では，被災地の復旧・復興のための最重要課題として，道路交通機能の確保をはかるため，緊急輸送道路を「くしの歯型」として救援ルートを設定することを地震発生直後には決定し，道路啓開活動に取り組んだ．

この活動は「くしの歯作戦」とよばれ，津波被害で大きな被害が想定された沿岸部

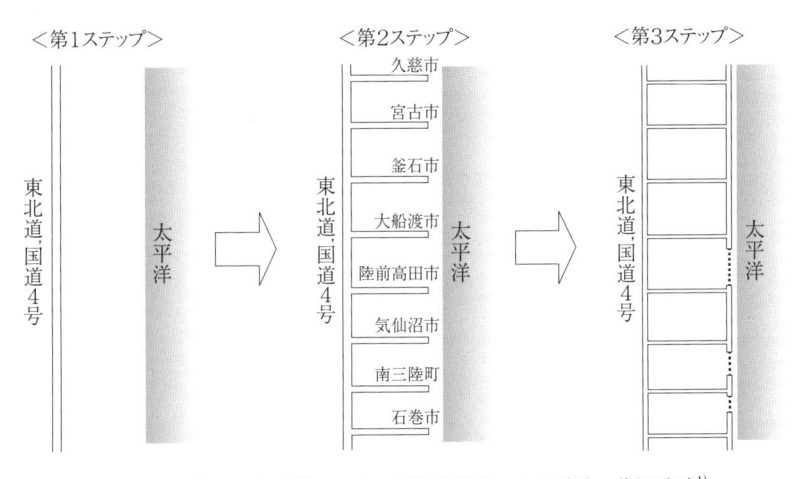

図 7.3 東日本大震災における国土交通省による道路の復旧戦略[1)]
（くしの歯作戦のステップ）

への進出のため，図7.3に示すように，第1ステップとして，東北道・国道4号の縦軸ラインを確保し，第2ステップとしては，三陸地区へのアクセスは東北道，国道4号からの横軸ラインを確保し，第3ステップとしては，海岸沿いの国道45号を啓開していくという作戦であった．

震災翌日の3月12日には，図7.4に示す東北道，国道4号から太平洋沿岸主要都市へのアクセスルートを11ルート啓開・確保し，そして，3月15日までには15ルートを確保している．震災から1週間後の3月18日には，国道45号など，太平洋沿岸の縦方向の道路啓開を推進し，97%が通行可能になるなど，緊急的な道路啓開が進められた．道路の啓開が短期間で終了した理由としては，橋梁の耐震補強対策により被災が小さかったことや，「くしの歯作戦」により，「16ルート」の「道路啓開」に集中したこと，災害協定にもとづき地元建設業者などの協力が得られたことなどがあげ

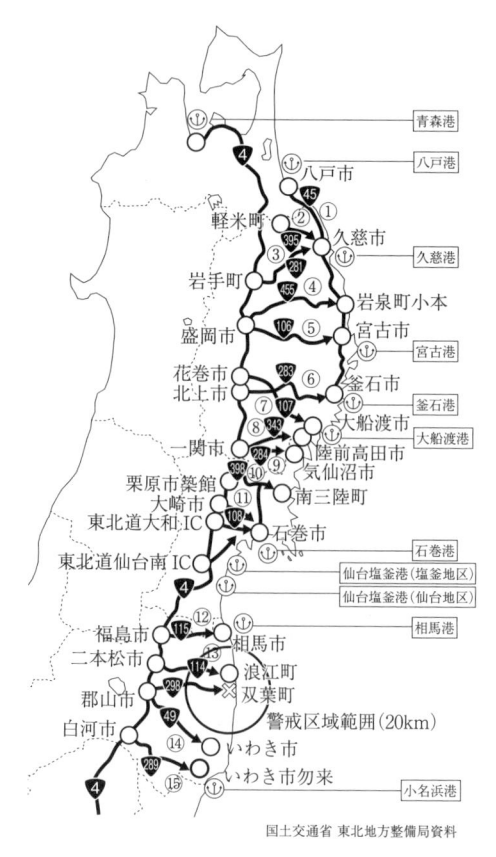

図7.4 くしの歯作戦によって啓開・連結された
道路ネットワーク[1]

られている．

(3) 広　報

　行政機関の広報は，災害時には大変重要である．被害の状況，道路閉鎖の場合は迂回路の指示，復旧の見通し，津波や堤防の損傷による浸水のおそれなどについて，逐次新聞，テレビ，ラジオなどの報道メディアを通じて広報を行う．広報の窓口は一本化し，各部署で発表の内容がバラバラにならないように注意をする．記者発表は地震発生直後は新たな情報が入手されしだい行うが，ある程度状況が落ち着いてからは1日1回など定時に行うのがよい．

　インターネットによる情報提供も有効である．避難情報など緊急を要する情報提供には，防災行政無線が使われる．内閣府・消防庁・気象庁が行った東北地方太平洋沖地震での津波警報を，どのようにして知ったかの調査結果を図7.5に示す．これによれば，防災行政無線が約7割と大きく，次にラジオとなっている．防災行政無線は，自治体親局からの連絡を無線で自治体内に配置された複数の子局へ送り，そこからスピーカーで住民に知らせるものである．防災行政無線の課題は，子局どうしが近いと音が干渉して聞こえにくくなること，家のなかにいると聞こえにくいこと，子局周辺の住民には平常時に騒音が問題になることなどがある．

(4) 情報の収集・連絡

　情報の収集は災害対策部において行うが，すみやかにかつ正確に行う必要がある．入手手段は次のとおりである．

　① ラジオ・テレビ

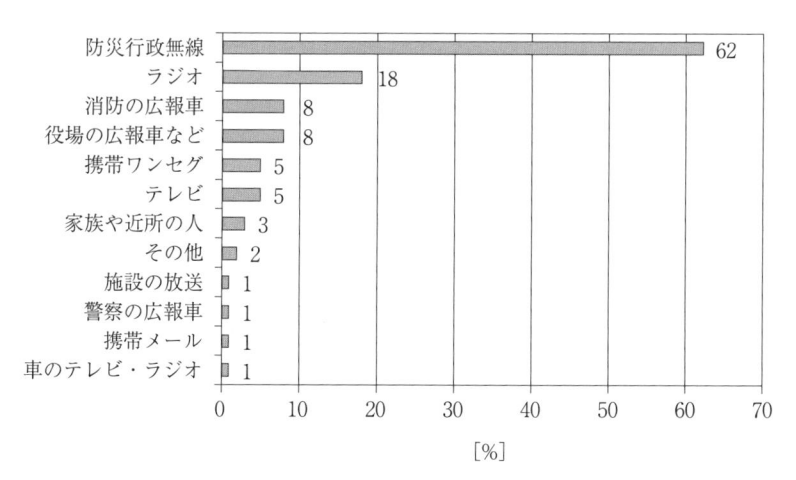

図7.5　東北地方太平洋沖地震で津波情報を入手したメディア
　　　（岩手県内：サンプル数175)[2])

② 職員参集者の情報
③ 管理施設自動監視装置
④ 地域住民からの通報
⑤ ヘリコプターによる現地調査
⑥ パトロールによる現地調査
⑦ 他行政機関
⑧ 道路情報モニター
⑨ インターネット

　地震発生後，対策部からただちに現地に調査には行けないことが多いので，地域住民からの通報は貴重な情報である．さらに，これを発展させて国土交通省では防災モニター（防災エキスパート，関東地方整備局では防災エキスパート制度としている）制度を発足させている．防災モニターは防災の知識をもったOBなどで組織され，通常時はおのおのの仕事をしているが，地震時には自宅周辺などのあらかじめ分担された地域の災害状況をいち早く正確に通報する役目をもっている．

(5) 職員の参集

　地震は時間と関係なくランダムに発生するので，災害が発生するときは勤務時間外であることが圧倒的に多い．年間休日100日，8時間労働として約76%が勤務時間外となる．勤務時間外に地震が起こり，災害が発生した場合には防災計画にもとづいて関係する職員が参集する．しかし，大災害時には連絡がつかなくなる可能性が高いので，たとえば地震が発生した場合には，即座に地震・津波情報を収集し，自主的に参集するように訓練をしておく．

　通勤ルートの道路の通行止めや鉄道の不通などによって職員が出勤できなくなったり，通常より大幅に時間がかかったりすることがある．このため，関係職員は，できれば徒歩や自転車で通勤可能な在勤官署近くに住むことが望ましい．在勤官署まで行けない場合は最寄りの官署に出勤する．また，職員自身や家族が被害にあうと出勤が困難になるので，地震発生後，ただちに職員とその家族の安否を確認する必要がある．

(6) 職員の管理

　災害復旧に従事する官署に関して，災害時の職員の管理が必要である．災害発生時には通常の所掌事務では，ある特定の部署や，特定の人間に仕事が集中しやすいため，災害対策の仕事分担は柔軟に考えたほうがよい．指揮をする者はなるべく定位置にとどまって，執務をすることが必要である．災害対策は連続徹夜などの長時間労働になりがちなので，職員の健康管理には十分注意し，長期化しそうな場合はローテーションを組み，過度の労働にならないように注意する．大きな災害時には，非常事態に対処できず精神に変調をきたしたり，極度の疲労や責任感から自殺する者もあるの

で，メンタルヘルスケアーも重要である．

（7）応援態勢

　管内に被災を受けた官署ではできることに限りがあり，人手も足りなくなるので，近隣の機関などから職員，機材などの応援を受ける必要がある．被災地は混乱している場合が多いので，とくに先遣隊として応援で派遣される者は，必要な機材，食糧，水などを携行して，現地での補給をあまり期待しないことが必要である．基本的には，現地機関の応援要請が必要であるが，現地が混乱している場合，応援要請に時間がかかることもあり，近隣の機関は独自の判断で派遣してもよい．

　東日本大震災では，多くの自治体の職員も亡くなった．岩手県大槌町では，2階建ての役場庁舎が津波で被災したうえ，町長も津波で流されて亡くなり，職員136名中32名が死亡または行方不明となった（図7.6参照）．このため，役場の機能は一時期著しく低下したが，岩手県内市町村と大阪府内市町村からの職員の派遣により機能を回復した．自治体の仕事は高度に専門化しており，実務に精通している市町村職員の派遣は復旧・復興に有効である．このように，自治体どうしの職員の支援は災害時に不可欠である．ただし，支援が長期化してくると派遣側の市町村の負担も大きくなるので，複数の市町村が一つの被災市町村を支えることが望ましい．

　2008年には，大規模自然災害が発生した場合，あるいは発生するおそれがある場合に，被災地方公共団体などが行う災害応急対策に対し，技術的な支援を円滑かつ迅速に実施することを目的として，国土交通省に緊急災害対策派遣隊（TEC-FORCE）が創設されている．このTEC-FORCEは被災地に派遣されて，被災状況の迅速な把握，被害の発生・拡大の防止，被災地の早期復旧のための技術的支援活動を行う．東日本大震災においても，国土交通省の各地方整備局などからTEC-FORCEが被災地に派遣されて，沿岸地域の津波と地盤沈下による大規模な湛水区域の緊急排水対策な

図7.6　被災した岩手県大槌町役場

どが実施された．

（8）災害査定

被災した土木構造物は，ただちに被害の調査を行い応急復旧をしなければならない．地方自治体では，災害調査のあと，被災構造物復旧の設計・積算を行い，国による災害査定を受ける．災害査定は国土交通省の災害査定官，検査官，事務官と財務省の事務官（立会官）のチームで行われる．災害査定では，書面の調査や現地を視察し，提出された復旧の方法，規模，積算などが適正かどうかを査定する．査定金額を決定し，書類に記載することを「朱入れ」という．

国の直轄事業では，災害査定は現地調査が省略される．査定された案件には，公共土木施設災害復旧事業費国庫負担法（第8章参照）にもとづき，国から災害復旧費が支払われる．

（9）調査団の派遣，受け入れ

大きな災害では，役所や大学などから調査団が訪れることが多い．調査団を派遣する側は，災害直後は現場が混乱し，担当する役所も対応に追われているので，連絡をしないで独自に現地入りをするなど，なるべく現場に迷惑をかけないで調査することが望ましい．

受け入れ側では調査団の訪問は迷惑な面もあるが，災害の解明，今後の対策にも役に立つので可能な範囲で積極的に応対すべきである．応急復旧が一段落したら調査団を受け入れることとし，あらかじめ説明資料，視察コースなどを用意したほうがよい．

（10）廃棄物処理

災害が発生すると，壊れた家，家具，自動車などの大量の廃棄物が発生する．廃棄物は道路に放置されることが多く，道路啓開の障害になる．またハエやカなどの衛生害虫が発生したり，火事が発生したりするのですみやかに処理する必要がある．しかし，問題となるのは処分場の確保である．被害の規模が大きくなればなるほど廃棄物の量も膨大になってくる．

東北地方太平洋沖地震では，岩手県，宮城県，福島県の3県で推計2258万トンの廃棄物が発生した（表7.2参照）．1995年の兵庫県南部地震の1430万トンと比べても大きな値であり，廃棄物の処理は量が膨大なことや，処分場自体の被災もあり，自らの地域だけでは対応できない．さらに，廃棄物処理を複雑化させているのは，原発被災による放射能汚染である．

わが国の基準では，焼却前のがれきの放射線量に基準はなく，焼却灰の埋め立ては1キログラム当たり8000ベクレル以下としている．しかし，被災地以外の地域で処理をするには受け入れ側の地元の反対もあり，被災地のがれきをすみやかに引き受けたのは東京都など少数である．

表 7.2 東北地方太平洋沖地震における被災 3 県の沿岸市町村がれきの発生状況[3]

県　名	発生市町村数	発生推定量
岩手県	12 市町村	442 万トン
宮城県	15 市町	1588 万トン
福島県	10 市町	228 万トン
計	37 市町村	2258 万トン

廃棄物を処理するために，
① 災害廃棄物処理計画の作成，
② 仮置き場，積み出し基地の確保，
③ リサイクルに努めること，
などが必要である．

最終処分場は埋め立てに頼らざるをえないが，いつ起こるかわからない地震のために，大規模な処分場を常時用意するわけにもいかない．したがって，分散処理が必要となると考えられるし，大部分を占めるコンクリートがらのリサイクル率の向上も必要である．

7.2.3　ほかの自然災害との比較

風水害と地震被害では，同じ自然災害でも大きな相違がある．最大の違いは事前に予測できるかどうかと，被害発生時間の長さである．地震は前触れもなく突然襲ってくるが，風水害は気象予報である程度予測することが可能である．地震では地震動の継続する数十秒間内で一次災害が発生するが，風水害では被害が発生するのは数時間から数日のオーダーである．このため，災害への対処は地震のほうが難しい．また，風水害は，おもに海岸，河川の流域や低地・斜面・法面に被害が集中しやすいが，地震の場合は，軟弱地盤や液状化しやすい地盤のあるところや，安定性の低い斜面・法面，耐震性の低い構造物に被害が発生する傾向がある．

火山災害と地震災害の違いは，火山災害はある程度の予知ができることである．地震災害の被害要因は振動，津波，液状化であるが，火山災害は降灰，溶岩流，火砕流，火砕サージ，岩屑なだれ，火山泥流，火山弾，火山ガスなどと種類が多い．また，被害を及ぼす期間は，火山災害では数年間にも及ぶことがある．

7.3　防災都市計画

地震に強いまちづくりをすることが，地震による被害を最小限にするための有効な

対策になる．地震によるおもな被害は，
① 地震動によるもの，
② 地震によって発生する火災によるもの，
③ 斜面崩壊・地滑り，地盤の液状化・流動化などの変状によるもの，
④ 津波によるもの，

に分類されるので，これらの災害に強いまちづくりが必要になる．ただし，防災と住民の日頃の生活はしばしば相反することが多いので，バランスが必要である．たとえば，津波対策では高台移転が効果的といわれているが，水産業関係者にとって高台は津波からは安全かもしれないが，仕事の場から離れるので日々の生活が不便になる．

(1) 耐震性にすぐれた社会資本の整備

地震動や地盤変状などへの基本的な対策は，道路，ライフライン，建物などの社会資本の耐震点検を行い，必要に応じて耐震補強を行うなど，耐震性を向上させることである．個別の対策については第5章を参照のこと．

(2) 防災のためのまちづくり

備蓄基地や指揮機能をもった防災拠点を設けることや，防火のために道路・公園などの防火空間を確保すること，急傾斜地の防災対策を行うことなどにより，災害に強い地域づくりを行う．具体的には，建物の耐火性の向上や，密集木造家屋を集約立体化する再開発や区画整理事業の実施，建ぺい率の制限による空間の確保，耐震貯水槽の整備，消防力の強化などがある．公園は緊急時には避難所にもなり，樹木が火災の延焼を止める効果がある．また，道路幅は20m以上あると延焼防止に効果があるとされている．電線類はCCBOX（電線共同溝）などで地中化しておくと，地震にも強く，電柱の倒壊による二次災害も防げる（図7.7参照）．

(3) 公的機関庁舎などの整備

行政機関庁舎などの安全性確保も重要である．兵庫県南部地震では，県庁，市役所の建物や警察署，病院などが壊れ，迅速な災害復旧の妨げとなった．したがって，災害対策を行う行政機関の建物や病院の耐震性診断と補強は必要である．

東北地方太平洋沖地震では，沿岸市町村の役場庁舎も津波で被災したところが少なくなかった．石巻市の大川小学校では，避難が遅れて多くの幼い命が犠牲になった．役場，学校，病院などの公的機関は避難所になっているところも多く，役場の機能低下は復旧の遅れにつながるので，津波被害にあわないような配置が必要である．

災害が発生するとライフラインが停止したり，物流に支障がでたり，物資を入手しにくくなるので，災害復旧に必要な資材（土囊，看板，ロープ，バリケード，セーフティコーンなど）や，住民や職員の食糧・生活必需品，毛布，簡易トイレなどを平時から備蓄しておく．水，食糧などは保存期間が限られているので，定期的に取り替え

(a) 電線類地中化前　　　　　　　(b) 電線類地中化後

図7.7　電線類の地中化（大阪府堺市，国道26号）

る必要がある．電気も停電するので，発電機などの非常電源・燃料の確保をしておく．備蓄の規模は応援が駆けつけ，ライフライン，物流がある程度回復するまでの3日間分程度は最低必要である．

（4）防災拠点，緊急輸送路などの指定と整備

　災害時に避難民を収容する拠点を確保しておく必要がある．地域防災計画にもとづいて都市公園などを防災拠点として選び，災害時に役に立つトイレ，井戸，池，備蓄倉庫，耐震性貯水槽，ヘリポート，体育館などの整備を行う．

　災害時に使用する緊急輸送路や避難所までの避難路などを指定し，周知しておくとともに，これらの災害に強い道路の整備を行う．

（5）ソフト面の整備

　ハードのほかにソフト的な対策も平行して強化する必要がある．市町村の防災計画などの危機管理体制の整備や，住民の防災意識の向上，防災訓練の実施などが対策として考えられる．兵庫県南部地震では，自主防災組織などで住民どうしの助け合いにより被害を少なくしたところもあるので，住民への知識の普及，近隣との連帯は必要である．

（6）機能の分散

　1箇所に機能が集中していると，地震災害により被災した場合，機能回復までの間，混乱することになる．このため，行政機能などは情報のバックアップを別のところに置き，リスクを分散しておくことが望ましい．銀行では，すでに顧客情報を東京，大阪の両方に保管するなどの対策を立てているところもある．国家的レベルでは，首都機能の移転のように，経済と行政の機能が同時に大地震の被害を被らないように行政機能を東京以外のところに置くことが検討されている．

7.4 被害予測

地震の被害を小さくするには，地震そのものの予知が効果的であるが，ひとたび地震が発生した場合の被害予測（被害想定）をすることは，対策を考えるうえで大切である．

たとえば，東京都では東京湾北部地震と多摩直下地震（それぞれ $M\,6.9$ と $M\,7.3$）を想定し，表7.3のような被害予測がされている．予測方法は，過去の被害から被害項目ごとに被害の原因と結果の関係を分析し，被害推計式を作成する．対象とする地域をメッシュ（250×250 m）で区切り（東京都全体で約28000メッシュ），各項目についてその地域データを被害推計式に入力してメッシュごとの被害量を算出する．

各メッシュでは，それぞれ想定した地震の揺れを加えて地震の揺れと液状化の被害を推計する．揺れによる被害と液状化による被害に分けてインフラなどの被害を推計する．次に，建物被害などから死傷者数の推計をし，交通施設の被害から帰宅困難者を，ライフラインの被害から避難者数を予測する．メッシュごとの被害予測をすることをマイクロゾーネーションといい，危険度を地図上に示したものをハザードマップという（図7.8参照）．地域のどこが危険なのかを事前に予測することは対策に役立ち，事後の復旧を効果的，かつすみやかにするためには重要である．

表7.3 東京都の地震被害予測（東京湾北部地震 $M\,7.3$ の場合）[4]

項目	冬の夕方18時（風速6 m/sの場合）
死　者	5638人
負傷者（重傷者）	159157人（24129人）
建物被害	436539棟
道　路	607箇所
鉄　道	663箇所
電力施設	停電率16.9%
通信施設	不通率10.1%
ガス施設	供給停止率17.9%
上水道施設	断水率34.8%
下水道施設	下水道管渠被害率22.3%
帰宅困難者	4476259人
避難者のピーク	3854893人
震災廃棄物	4065万トン

また，地震動の強さとインフラの被害との関係をつかんでおけば，地震が発生したときに場所ごとの地震動の大きさからインフラの被害を予測することもでき，地震発生直後の復旧対応に役立つ．

7.5 リアルタイム地震防災

最近は，情報通信処理技術が急速な発展をとげ，これを利用して地震発生直後に地震に対処しようとする「リアルタイム地震防災」が発達してきた．

地震発生後に，各地に配置された地震計からデータを収集して地震動の強度分布を計算し，地震による被害予測を即時に計算するリアルタイムな被害予測システムも開発されている．7.4節で述べた事前の被害予測より，実際の地震動の強度分布がわかるため，より正確に被害予測を行うことができ，災害対策に役立てることができる．

7.5.1 ガスシステム

たとえば，4.9節で述べたように，東京ガスではガスの供給地点にSIセンサーとよばれる感知器をつけ，地震後に地震動から計算したSI値（第4章参照）がある程度以上の場所は被害が発生したと予測して，ガスの供給を自動的にストップするシステムを開発した（図7.9参照）．従来は地震後にガス管をチェックをしてから被害箇所を特定し，ガスの供給を止めていたのに比べて，すみやかに災害に対処できる利点がある．

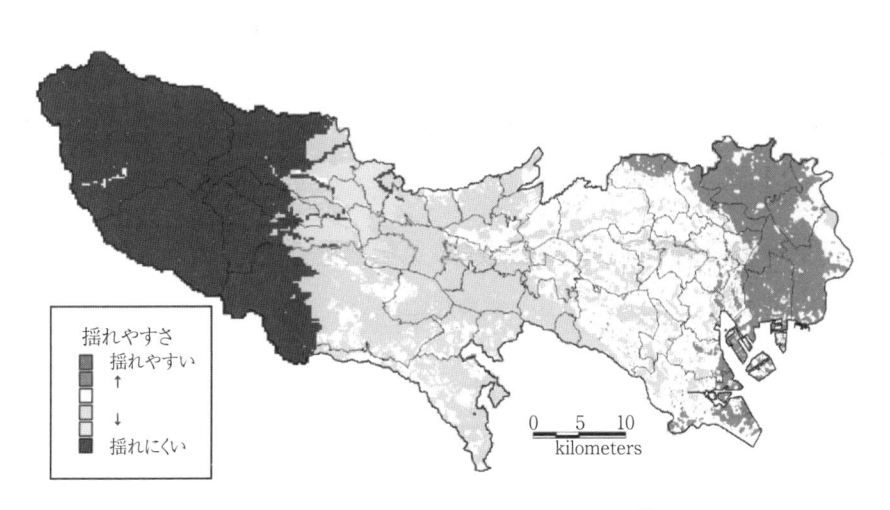

図7.8　地盤の揺れやすさのハザードマップ[5]

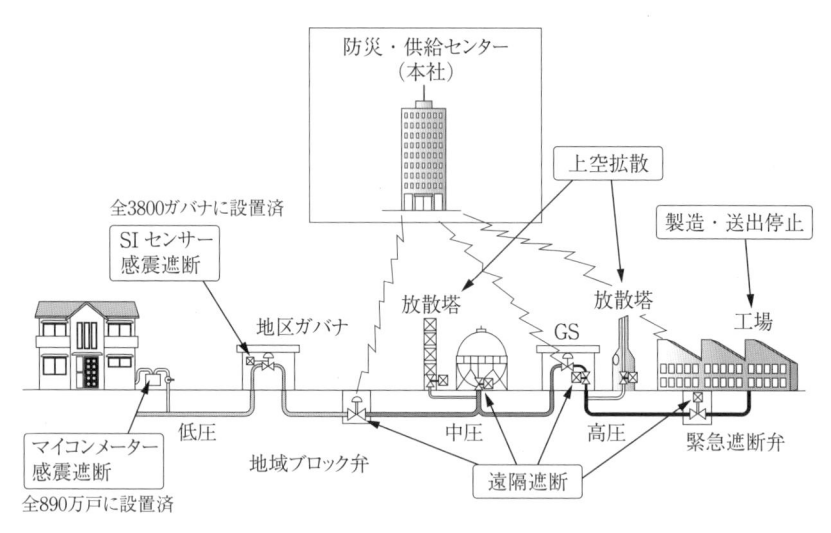

図7.9 ガスのリアルタイム地震防災システム

　鉄道総合技術研究所（JR 総研）では，列車への地震の影響を最小限にするために早期地震検知警報システム「ユレダス」(Urgent Earthquake Detection Alarm System) と称するシステムを開発した．これは，情報伝達速度が地震波より速いことを利用して，地震波が目的物に到達するまえに感知し，対策を立てようとするものである．まず，震源近くの地震計で地震を観測し，被害を与えるほど大きな地震が発生したらそれを検知して判断し，地震動が鉄道施設に到達するまえに列車を停止させるシステムである．地震波の伝播速度は数 km/s 程度であるが，電波や電気通信の速度は約 30 万 km/s と地震波より相当に速い．このため，たとえば東海地震が発生し，東京まで大きな振動のS波が到達するには約 40 秒かかるが，検知・判定に 10 秒かかると仮定すると約 30 秒の余裕が生じる．この間に列車を停止するなどの適切な処置をとり，被害を少しでも小さくすることは可能である．震源の近い直下型地震には対処できない弱点はあるが，実用性は高い．

7.5.2　緊急地震速報

　緊急地震速報が，2006 年 8 月から気象庁によって機器制御などの高度利用者向けに提供され，2007 年 10 月からは一般向けにも提供されている．この緊急地震速報は，地震発生直後に震源に近い地震計の観測データから震源とマグニチュードを推定し，各地での主要動（S 波）の到達時刻と震度を予測して知らせるものである．緊急地震速報は，以下のような地震動予報と地震動警報に区分されて運用されている．
　① 地震動予報：最大震度 3 以上またはマグニチュード 3.5 以上などと予想された

ときに発表されるもので，高度利用者向けに地震の発生時刻，震源およびマグニチュードの推定値，予測される最大震度が震度3以下のときは最大予測震度，震度4以上のときは地域名に加えて震度5弱以上と予測される地域の予測震度，およびその地域への主要動到達予測時刻が速報される．

② 地震動警報：最大震度5弱以上の揺れが予想されたときに，強い揺れが予想される地域に対して，地震動により重大な災害が起こるおそれがある旨を警告して発表するもので，一般向けに地震の発生時刻，震源の推定値，震央地名，震度4以上の揺れが予測される地域名が速報される．

気象庁が一般向けの緊急地震速報（警報）を発表した際，各放送局においてそれをテレビ・ラジオを通じて文字や音声などにより放送している．また，市区町村では，総務省消防庁が開発した全国瞬時警報システム（J-ALERT）を用いた防災行政無線による放送が行われている．携帯電話各社による携帯電話への緊急地震速報の配信も行われており，工場や工事現場での従業員・作業員の安全確保，学校での児童・生徒や病院での患者などの安全確保，交通機関の安全確保などに活用されている．なお，震源に近いところでは主要動が到達するまでの時間が短いために，緊急地震速報が間に合わなかったり，複数の地震がほぼ同時に発生した場合に分離して処理できずに的確な速報ができない場合もある．

Coffee Break

■ 高台移転の困難さ

　津波被災地のまちづくりに必ず登場するのが高台移転である．確かに低地と高台では明暗がくっきり分かれた．しかし，高台移転は過去の津波のたびに何回も提案され実行もされたが，ほとんどが現地に復帰し，長続きしなかった歴史がある．1896年の明治三陸津波のあと，東北沿岸の多くの箇所で高台移転をしたが，不便さから現地に戻り，1933年の昭和三陸津波で再び被害を受けた．昭和三陸津波のあと，政府は高台に大規模な造成を行い移転をさせたが，結果は今回の災害をみるまでもなく高台移転は進まず，いったん移転した人が低地に戻ったり，移転で空いた低地によそから人が移住するなど効果はなかった．なぜ，危険な低地に人は住むかというと，そのほうが便利だからである．昭和三陸津波当時，高台移転に反対して「毎日の不便に耐えるより，十数年あるいは数十年に一度の全滅を選ぶ」という意見もあったという．

演習問題 [7]

7.1 読者の住んでいる市町村あるいは都道府県の地震防災計画を調べ，その構成・内容について述べよ．

7.2 読者の職場や学校，家庭において実施すべき地震災害に対する事前対策，事後対策について論ぜよ．

第8章　地震防災知識

　地震対策は，土木構造物の耐震設計のようなハード的なもののほか，ソフト面でも多面的に行われる．ここでは，地震に関連する法律，災害で活躍するボランティア，救援物資，救命救助，国際的な協力，地震保険，経済的影響，帰宅困難者，物資不足などの地震防災知識について述べる．

8.1　地震災害に関する法律

　地震災害に関する法律は，災害復旧事業に関するものと，災害対策に関するものとに分けられる．

8.1.1　災害復旧事業に関する法律

　災害復旧事業に関する法律は，基本的に事業の経費に関するもので，主として次のような法律がある．

（1）公共土木施設災害復旧事業費国庫負担法（昭26法97）

　公共土木施設の災害復旧事業費について，地方公共団体の財政力に応じて国の負担を定めた法律である．税収入に対して災害復旧費が大きいほど，国の負担率を高くするように定めてある．

（2）激甚災害に対処するための特別の財政援助等に関する法律（昭37法150）

　著しく激甚である災害（激甚災害）に対し，地方公共団体に（1）で規定されている負担を上まわる国の特別の財政援助や，被災者に対する特別の助成措置を定めたものである．激甚災害の定義は激甚災害指定基準（昭和37年12月7日，中央防災会議決定）に定められており，公共土木施設の場合，災害復旧事業の査定見込額が全国の都道府県，市町村の標準税収入の総額の0.5％を超える災害であるか，0.2％を超え，かつある一定の条件を満たした場合などとなっている．

8.1.2 地震災害対策に関する法律

地震災害対策に関する法律は，災害一般に関するものと地震災害に関するものとがあり，主要な法律として，現在，次のようなものがある．

（1）災害一般
（a）災害救助法（昭22法118）

災害に対して国による救助を定めた法律である．災害によりある程度以上の被害（住家の被害，死傷者数）が発生した場合，知事が区域を指定して法律の適用を行う．災害救助法が発動する被害の程度は政令で定められており，たとえば，人口5万人以上10万人未満の市町村では，住家が80戸以上が失われた場合が対象となる（表8.1参照）．半壊の場合は0.5戸としてカウントされる．災害救助法による救助メニューは，収容施設の供与，食品・飲料水の供給，被服・寝具の貸与，医療，救出，埋葬などとなっている．救助に関する費用は都道府県と国が負担する．このほか，同法では，救助に当たっての強制措置，物資の収用などを規定している．

表8.1 災害救助法の適用条件（一部）

市町村の区域内の人口	住家が滅失した世帯の数
5000人未満	30
5000人以上15000人未満	40
15000人以上30000人未満	50
30000人以上50000人未満	60
50000人以上100000人未満	80
1000000人以上300000人未満	100
3000000以上	150

（b）災害対策基本法（昭36法223）

災害対策の最も基本となる法律である．1959年の伊勢湾台風を契機に制定されたものである（図8.1参照）．この法律では，防災に関する組織，防災計画，災害予防，災害応急対策，災害復旧，財政金融措置，災害緊急事態について規定されている．

災害対策基本法にもとづき，中央防災会議が設けられている．中央防災会議では，内閣総理大臣が会長となり，委員は防災関係の各大臣と指定公共機関の長，学識経験者から構成されている．中央防災会議では，

① 防災基本計画を作成し，その実施を推進する，
② 非常災害に際し，緊急措置に関する計画の作成と実施を推進する，
③ 内閣総理大臣の諮問に応じて，防災に関する重要事項の審議を行う，

などが行われる．

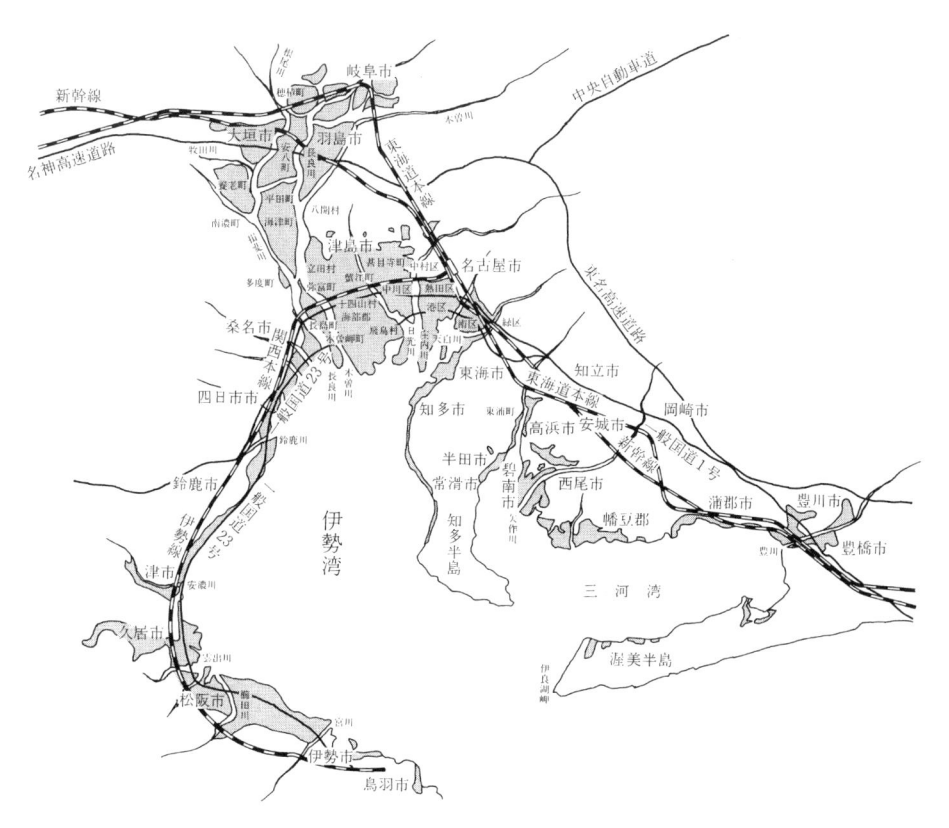

図 8.1 伊勢湾台風による浸水被害[1]（網かけ部分が浸水箇所）

災害対策基本法にもとづき，大災害のときには緊急車両を通すために一般の車両の通行が制限される緊急交通路が設けられる．

(c) 災害弔慰金の支給等に関する法律（昭 48 法 82）

災害により死亡した遺族に対して支給する災害弔慰金と，災害により障害を受けた者に対する災害障害見舞金と，被害を受けた世帯主に貸し付ける災害援護資金について規定している．災害弔慰金の支給額は生計を主として維持してきた者が死亡の場合は 500 万円，そのほかの者は 250 万円となっている．災害援護資金は被害を受けた世帯のうち所得の低い者に対し，10 年以内の償還期間で低利（年利 3％）の資金を貸し付けるものである．

(d) 国際緊急援助隊の派遣に関する法律（昭 62 法 93）

おもに開発途上国で発生した大規模な災害に，被災国の要請に応じて派遣する国際緊急援助隊の派遣について定めてある．国際緊急援助隊は被災国において，救助活動，医療・防疫活動，災害応急対策，災害復旧を行う．

(e) 被災市街地復興特別措置法（平7法14）

兵庫県南部地震を契機に，1995年に制定された法律である．大規模な火災，震災などの災害を受けた市街地を緊急に復興させるため，計画的な整備と復興に必要な住宅の供給について定められている．同法では，大規模な被災を受けた地域に被災市街地復興推進地域を定めることができ，同地域内では緊急復興方針に定められた日までは，土地の形質の変更，建築物の新築・改築などをするときは都道府県知事の許可が必要となる．

(f) 被災者生活再建支援法（平10法66）

被災者生活再建支援法は，1998年に制定された法律である．阪神・淡路大震災までは自然災害による被害の補償は公共的なものに限られ，個人の損害は自助努力により再建するものとされ，対象外であった．しかし，同震災のように災害で多くの住民が家を失い，生活再建もままならなかったことから，直接政府が被災者に支援することを規定する法律が制定された．災害が発生した場合，国から指定された法人が都道府県から拠出される基金をもとに被災者に支援金を支給する．国はこれに1/2の援助を行う．支援金の額は世帯ごとに支給され，家が全壊の場合は100万円，家を再建する場合は200万円が支給される．1人暮らしの場合はこれらの額の3/4となる．

(2) 地震災害

(a) 地震保険に関する法律（昭41法73）

地震災害の保険を規定している法律である（8.6節「地震保険」参照）．

(b) 大規模地震対策特別措置法（昭53法73）

1976年（昭和51年）の東海地震説（第2章参照）を契機に制定された法律である．地震の発生する危険性の高い地域の観測を強化し，それまで不明確であった地震予知の位置づけを行い，地震災害の軽減を目的とする法律である．

内閣総理大臣は，大規模な地震の発生によって著しい災害が生じる可能性の高い地域を地震防災対策強化地域として指定し，地震防災対策を強化する．同法第3条にもとづいて指定されている地震防災対策強化地域は，図8.2のように定められている．強化地域に指定された地域の自治体などは地震防災強化計画を作成し，地震防災応急対策措置，避難地・避難路などの整備，防災訓練などの計画を定めなければならない．また，強化地域内で，病院，劇場，百貨店，旅館の経営者，石油類などの危険物を扱う者や，鉄道事業者などは，地震防災応急計画を作成し，地震に対処しなければならない．

内閣総理大臣は気象庁長官から地震予知情報の報告を受けた場合，閣議にかけて同法にもとづき警戒宣言を行うこととしている（第2章参照）．なお，地震の警戒宣言についてはまだ発令された事例はない．警戒宣言を発したときは，内閣総理大臣を本

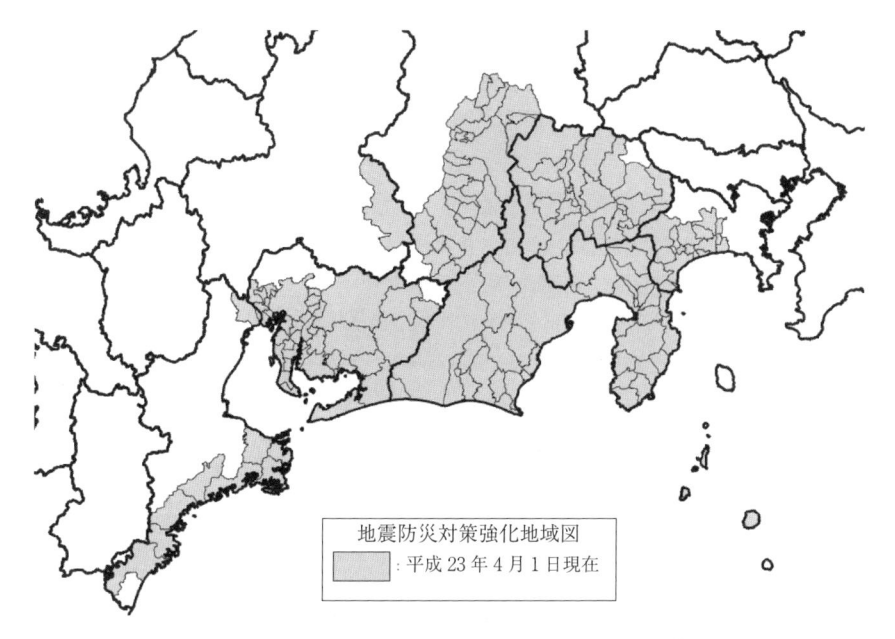

図 8.2　東海地震にかかわる地震防災対策強化地域[2]

部長とした地震災害警戒本部が設置される．このように，同法では地震予知と事前の対策を規定している．

（c）地震防災対策強化地域における地震対策緊急整備事業に係る国の財政上の特別措置に関する法律（昭 55 法 63）

大規模地震対策特別措置法に規定された，地震防災対策強化地域における対策事業に必要な経費の国の負担・補助について規定している．

（d）地震防災対策特別措置法（平 7 法 111）

1995 年の兵庫県南部地震を契機に作成された法律である．同法では，都道府県知事による地震防災緊急事業 5 箇年計画の作成と，同事業の国の財政上の特別措置について規定している．地震防災緊急事業 5 箇年計画では，避難地，避難路，消防用施設，緊急輸送用の道路，共同溝などの整備や，学校などの耐震補強，防災行政無線，地域防災拠点・非常用食糧などの備蓄倉庫の整備などを定めることとしている．また，同法にもとづき文部科学大臣を本部長とする地震調査研究推進本部（巻末の「地震関係のおもなホームページ一覧」参照）が設置され，地震の調査研究を推進することとしている．

(e) 東南海・南海地震に係る地震防災対策の推進に関する特別措置法（平 14 法 92）
および日本海溝・千島海溝周辺海溝型地震に係る地震防災対策の推進に関する特別措置法（平 16 法 27）

（b）の大規模地震対策特別措置法は東海地震を想定した法律であるが，東海地震以外にも警戒すべき大地震があることから，東南海・南海地震に係る地震防災対策の推進に関する特別措置法は 2002 年に，日本海溝・千島海溝周辺海溝型地震に係る地震防災対策の推進に関する特別措置法は 2004 年に制定されたものである．大筋は大規模地震対策特別措置法と同じであるが，予知体制および警戒宣言などの予知にともなう対応部分がないことが異なる．観測機器が十分に整備され，予知の科学技術水準が上がったのちは，大規模地震対策特別措置法と同様な予知対応をとることとされている．

（f）東日本大震災復興基本法（平 23 法 76）

未曾有の災害であった東日本大震災を受けて，復興のためにつくられた法律である．同法では，復興債などによる財源の確保，東日本大震災復興本部，復興庁などの組織の規定を行っている．

8.2　ボランティア

防災には政府による支援である公助，住民同士の助け合いの共助，住民自らの努力による自助があるが，ボランティア活動は当事者以外がこれを側面から支援するものである．ボランティアとは，善意から自発的に，無報酬で利他的に労力や資金を提供する人のことである．もともとボランティア活動は，宗教的な背景から欧米において盛んであったが，わが国ではあまり話題にあがることはなかった．わが国において災害で本格的なボランティア活動が行われるようになったのは，1995 年の阪神・淡路大震災以降である．阪神・淡路大震災では，災害後 1 箇月に活動したボランティアは延べ約 62 万人と推定されている[3]．東日本大震災では，1 年間で延べ約 94 万人であった[4]．ボランティアの出動人数は土曜日にピークがあり，平日に減るパターンをくり返す（図 8.3 参照）．これは，学校や職場が休みの日に参加する人が多いからである．

阪神・淡路大震災以降，ボランティアは政府の防災基本計画にも取り入れられ，災害対策基本法にも規定がはじめて設けられた．ボランティア活動はボランティア団体によるものと，個人の資格で参加するものとに分類される．災害ボランティアの活動内容は多岐にわたるが，

　① 救援物資の搬出・搬入

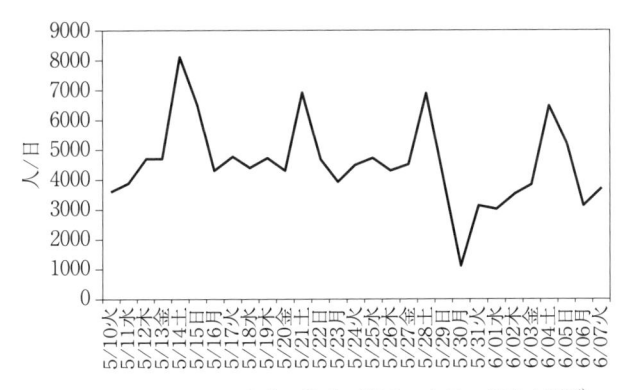

図 8.3 ボランティア人数の推移（岩手・宮城・福島合計）[4]

② 避難所の運営
③ 安否確認
④ 炊き出し
⑤ 水汲み
⑥ 介護
⑦ 被災家屋や瓦礫の片づけ
⑧ 被災者の生活にかかわる交通サービス
⑨ 理容・美容などの技術的サービスの提供

などがある．災害直後には，行政の支援や住民の共助自助にも限界があり，ボランティアの活用は災害復旧に不可欠なものとなっている．ボランティア活動にはニーズの把握と適材の派遣が必要であり，被災地のニーズに対してボランティアをバランスよく配置することが求められる．災害対策基本法により，行政はボランティアの受け入れ態勢を整備する必要があるが，ボランティアは自立が原則であり，移動・食糧・宿泊は自分で用意して被災地に負担をかけないことが必要である．

8.3 救援物資

災害発生後，数日すると全国から救援物資が被災地に運ばれてくる（図 8.4 参照）．運ばれてきた救援物資はただちに開包して内容を確認し，食糧，水，衣料，医療品，毛布などに仕分けし，さらに，たとえば衣料では男女別，大人子供別，下着類などに細分化してリストをつくる．仕分け作業には多大な労力が必要なので，救援物資を送る側はできるだけ同じ種類の物資を梱包して外に内容を明記して送るほうがよい．生ものは扱いと処分が大変なので送らないほうがよい．また，大きな災害では救援物資

図 8.4 救援物資の集配（東日本大震災，岩手県滝沢村アピオ，岩手県災害対策本部提供）

は災害後2〜3日で全国から大量に送られてくるので，その保管場所も確保しなければならない．救援物資はえてして迷惑になることがあるので，送り方，内容をよく考えないとかえって親切が逆効果になる可能性がある．

避難所では，必要な救援物資の種類と量を対策本部に届け出て，物資を渡してもらう．救援物資の受け入れ先は1箇所とは限らないから，受け入れ先どうしでよく情報交換と物資のやりとりをしないと，あるところでは物資が余り，あるところでは不足する事態が発生する．

毛布，食糧など皆がほしがるものは人数分用意しないと取り合いになり混乱を招くので，足りない場合は配らないほうがよいことがある．なお，衣類は新品が望ましく，きれいに洗濯してあったとしても古着は受け取られないことが多い．衣類では下着，食品ではパン・カップラーメンなどの非常食品，日用品ではポリタンク・乾電池などの需要が高い．

8.4 救命救助

災害時の救急医療は，図8.5の順で行われる．

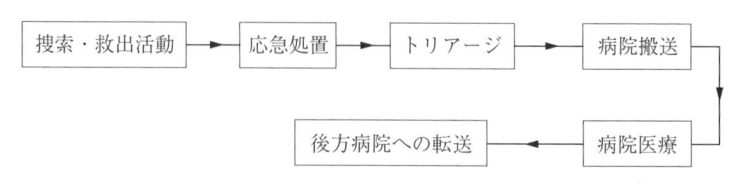

図 8.5 災害時の救急医療のフロー

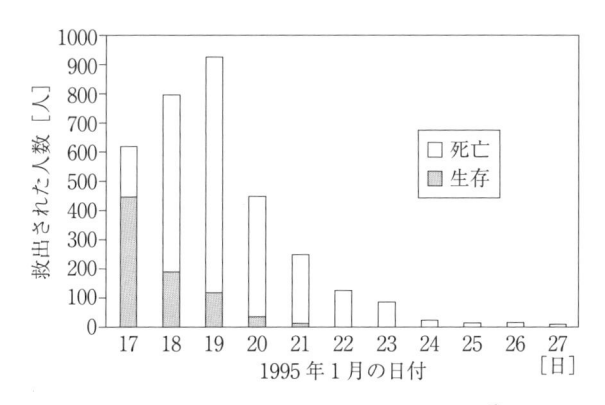

図 8.6 兵庫県南部地震で救出された人数[5]

　倒壊家屋などの瓦礫に埋もれた人は，遅くとも 72 時間以内に助けないと生存の可能性は低くなるとされているので，早期発見，早期救助が原則である（図 8.6 参照）．
　大災害時は多くのけが人がいちどきに発生し，病院ではその処置に振りまわされる．本来ならば，医療関係者はすべての患者を助ける努力をしなければならないが，医師，看護師，医療施設などが限られている場合はやむをえずけが人を選別し，治療の見込みのある患者を優先的に治療することが必要となってくる．このような作業をトリアージ（triage：負傷者選別）とよぶ．トリアージとは患者を，
　0．死亡もしくは現状で救命不可能とされるもの（黒）
　Ⅰ．生命に関わる重篤な状態で救命の可能性がある（赤）
　Ⅱ．生命に関わる重篤な状態でないが搬送が必要（黄）
　Ⅲ．救急での搬送の必要がない軽症なもの（緑）
に 4 分類し，選別することである．カッコ内は傷病者につけるトリアージ・タッグの色である．
　災害時には道路封鎖などにより交通が困難となり，医療機関も近くで活動していない場合も多いので，救急医薬品や AED などの常備と，各自が人工呼吸や，心臓マッサージなどの最低限の救急措置を学んでおけば，少しでも多くの人命を救うことができる．
　兵庫県南部地震以後，心的外傷後ストレス障害 PTSD（Post-Traumatic Stress Disorder）が注目されるようになってきた．PTSD とは，災害，事故，犯罪などの激しい無力感を起こすような出来事に出合ったあとに生じる心の後遺症である．不眠，集中力の低下，不安などの症状がみられる．
　新潟県中越地震では，自動車のなかで寝泊まりしていた避難者がエコノミークラス症候群（深部静脈血栓症／肺塞栓症）で亡くなり問題となった．エコノミークラス症

候群は，長時間同じ姿勢でいると下肢の深部にある静脈に血栓ができ，それが肺の血管を閉塞して呼吸困難などを起こすもので，航空機のエコノミークラスの旅行者に発症したことが報告されたことからエコノミークラス症候群とよばれている．

8.5 地震に関する国際協力

8.5.1 海外からの援助活動

　大規模な災害になると，海外からの援助が提供されることが多い．兵庫県南部地震では，スイス，フランス，イギリスから災害救助隊が派遣された．スイスから派遣されたのは救助隊と捜索犬であった．対応は日本のボランティアと同様であるが，言葉や習慣の問題があるので日本人の同行が必要であった．

　東北地方太平洋沖地震では，24の国と地域からの緊急援助隊，医療支援チーム，復旧支援チームなどが日本で活動を行った．また，在日アメリカ軍による人員約24500名，艦船24隻，航空機189機を投入した大規模な支援活動（トモダチ作戦）が実施された．そのほか，各国・地域・国際機関から，物資，寄付金などが寄せられている．

8.5.2 地震工学研修

　地震に関する国際協力は，国などの機関やJICA（国際協力機構）で行われており，専門家の派遣，メキシコ，ペルー，トルコにおける地震防災センターによるプロジェクト方式の協力，研修員の受け入れ，地震災害時の調査団の派遣などにより実施されている．このなかで最も活動的なのは，国立研究開発法人建築研究所国際地震工学センター（IISEE：International Institute of Seismology and Earthquake Engineering）による地震工学研修である．1962年からIISEEによる研修が行われているが，海外から毎年約20名の研修生を受け入れ，地震学コースと地震工学コースに分かれて約11箇月間にわたる長期間の研修が行われている（図8.7参照）．2004年のスマトラ沖地震で甚大な津波被害が生じたことから，2006年から津波防災コース（定員5名）が追加され，地震工学通年研修としてこれら三つのコースが運営されている．2005年の地震工学通年研修から，政策研究大学院大学との連携によって修士号を取得することが可能になっている．また，このほかにテーマを絞った1～2箇月間の研修として，1980年から地震工学セミナーが行われている．このセミナーの一環で，2008年に発生した四川大地震の震災復興支援策として，2009年から3年間，中国全土からの年間20名程度の研修生を対象に，約2箇月間の中国耐震建築研修が実施されている．1995年からは核実験探知に必要な地震観測技術についてのグローバル地震観測研修が，毎年10名程度の研修生を対象に，約2箇月の期間で実施されている．

図 8.7 国際地震工学センターの研修風景

　研修修了生は 2010 年末現在，すでに 96 箇国，1481 名に達しており，多くの人が各国で地震学，地震工学の中心的な専門家として活躍し，なかには大臣にまでなった人もいる．帰国後の研修生の動向調査も数年に一度，帰国研修員フォローアップ調査として行われており，直接現地で帰国研修生，および所属機関の意見を聞き，研修内容の充実と向上に役立てられている．

　このほか，国内の研修とは別に，地震学と地震工学に関する第三国研修がインドネシア，エジプト，メキシコ，ペルーで行われている．

8.6　地震保険

　火災の場合には火災保険が，そのほかの損害には損害保険があるが，いずれも免責条項があり，自然災害や戦争による損害には支払われない．地震に関しては，一度巨大な地震が発生すると被害額が膨大になることや，地震の発生予測が困難であることから，民間の保険会社にとってはリスクが大きいからである．このため，以前は自然災害に対してはあきらめるしかなかった．

　1923 年の関東大震災では，大規模な火災が発生して，全半壊 21 万 1 千棟，焼失 21 万 2 千棟にのぼる甚大な被害が生じたが，やはり火災保険に地震の免責条項があり，保険金は支払われなかった．このため，震災後に保険の支払いを求める訴訟が起こった．裁判では，大審院で免責は有効と判断されたが，高まる世論に押されて保険会社は政府から借金をしてまでも見舞金を支払わざるをえなかった．

　関東大震災以降も，大地震のたびに火災保険の地震免責条項の問題はくすぶり続けた．最大の問題は，保険会社の支払い限度を超えた場合の政府による再保険にあった．地震保険制度発足のきっかけとなったのは，1964 年の新潟地震である．この地震後の 1966 年に地震保険法が制定され，地震保険が発足した．地震保険では，巨大地震が発

生した場合には支払いも巨額になると予想され，民間では負担できないために政府が再保険することとなっている．しかし，それでも支払いが政府の限度も超えることがあると予想されるため，保険に対して限度額と1回の災害による支払総額に限度を設けている．保険の対象は居住用の住居と生活用動産で，火災保険とセットで契約することが義務づけられており，地震保険単独での契約はできない．さらに，主契約の火災保険における保険金額の30%以上50%以下に限度額が設定される．

保険の限度額と支払総額は，数次の改定が行われ，2012年時点では，建物5千万円，家財1千万円が限度である．複数の保険会社に保険をかけても合計の支払限度額は同じである．また，支払総額は5兆5千億円で，このうち政府の支払い分は4兆7755億5千万円となっている．損害が限度額を超えた場合は満額は支払われない．また，さきに述べた東海地震に関しては，「大規模地震対策特別措置法」で警戒宣言が出された場合，その対象地域については警戒解除宣言が出されるまで保険の新たな契約はできない．

東北地方太平洋沖地震では，2012年2月2日現在で，1兆2081億円が支払われている．これ以外の過去の震災による支払金額を表8.2に示す．

表8.2 地震保険金一覧（支払金額順）

	地震名	発生年月日	金額 [億円]
1	兵庫県南部地震	1995年1月17日	783
2	芸予地震	2001年3月24日	169
3	福岡県西方沖を震源とする地震	2005年3月20日	169
4	新潟県中越地震	2004年10月23日	149
5	新潟県中越沖地震	2007年7月16日	82
6	福岡県西方沖を震源とする地震	2005年4月20日	64
7	十勝沖地震	2003年9月26日	60
8	岩手・宮城内陸地震	2008年6月14日	55
9	駿河湾を震源とする地震	2009年8月11日	49
10	岩手県沿岸北部を震源とする地震	2008年7月24日	40

[注] 日本損害保険協会資料より．

8.7 経済的影響

大地震では，人命，社会資本，生産施設や個人財産など，多くのものが瞬時にして失われる．この結果，膨大な経済損失が生じ，復旧，復興のために巨額の資金が必要になってくる．1923年の関東大震災での被害額は，当時の金額で約55億円にも達し

たが，この金額はわが国の国内総生産（GDP）の約5％にも相当するものであった．政府は支払い猶予（モラトリアム）を発して，巨額の復興事業のために多量の国債，公債を発行した．このため，国家の財政が悪化して銀行の不良債権も増え，1927年の金融恐慌の原因になったとされている．

東日本大震災では，表8.3に示すように，阪神・淡路大震災を超える被害が生じた．このなかには人的な被害は含まれていない．このほかに，漁港や工場の被災などによる生産の減少や雇用の減少，原子力発電所被災の影響による電力供給制限および生産の制限など，影響は広範囲に広がっている．なかでも史上初の，津波による原子力発電所被災を原因とする放射能汚染は広範囲に及び，直接的被害だけでなく風評被害などの間接的被害も大きく，かつ終息にはかなりの時間がかかると予測され，経済的な影響もはかりしれない．

東日本大震災では，関東大震災時と異なり，経済もグローバル化しており，従来にはなかった次のような現象がみられた．

① 復興財源のねん出で財政赤字が拡大して円安になるとみられたが，逆に復興のための円需要の急増を見越して史上最高の円高となった．この背景には，アメリカやヨーロッパの財政事情がより深刻で，ドルやユーロを避けた投機的資金が円に集中したことも影響している．

② サプライチェーンを通じた影響があった．自動車部品や半導体の工場が被災し，それを供給されていた被災しなかった大企業の工場が，部品がこないために生産を制限しなければならない状況になった．国内だけでなく，日本から部品を輸入していたアメリカの自動車産業などの海外の企業も生産調整を行わなければならなかった．

表8.3 被害総額の推計値

	東日本大震災	阪神・淡路大震災
建築物など（住宅・宅地，店舗・事務所・工場，機械など）	約10兆4千億円	約6兆3千億円
ライフライン施設（水道，ガス，電気，通信，放送施設）	約1兆3千億円	約6千億円
社会基盤施設（河川，道路，港湾，下水道，空港など）	約2兆2千億円	約2兆2千億円
農林水産，そのほか	約3兆円	約5千億円
総　計	約16兆9千億円	約9兆6千億円

8.8 帰宅困難者

帰宅困難者とは，地震などの自然災害で交通機関がマヒした場合，徒歩で自宅まで帰れない者をいう．首都直下地震対策専門調査会では，次のように分類している[8]．
① 自宅まで 10 km 以内の者：全員帰宅可能，
② 自宅まで 10 km 以上 20 km 未満の者：1 km 増えるごとに 10% ずつ困難者が増加，
③ 自宅まで 20 km 以上の者：全員帰宅困難．

大都市では，鉄道などの公共交通機関で遠距離から通勤・通学している者が多いことから，地震により公共交通機関が不通になった場合，多数の帰宅困難者を生じる可能性がある（図 8.8 参照）．

図 8.8 帰宅困難者（JR 盛岡駅，2011 年 3 月 11 日）

家族の安否確認や家のようすをみるために帰宅志向は強いが，災害発生後，一斉に帰宅をすると，道路の被災，公共交通機関の被災により交通容量が低下しているところへ，大量の交通需要が発生することになり大渋滞となる．帰宅者には，余震による建物などの倒壊や落下物による危険性が増し，沿道で火災が発生した場合には渋滞や混雑で逃げられずに死傷する可能性が高まる．また，これらのことがない場合でも，膨大な徒歩帰宅者による混乱や，集団転倒の発生などの危険性が高まる．このため，できるだけ職場などの現地にとどまり，交通が復旧してから帰宅することが望まれる．

8.9 物資不足

災害が発生すると，物流に障害が生じて物資不足になりやすい．通常は 2，3 日で

救援が届くので，備蓄はそれまでに間に合う程度でよいが，大規模な災害では，流通システムだけでなく生産施設まで被災し，物資不足が長期化することがある．さらに，心理的な不安から，不必要な物品を大量に購入する買いだめが行われ，物資不足を増長する危険性がある．東日本大震災では，震災の不安から，被災地から遠く離れて物流の問題のない首都圏でも非常食などが売切れて物資不足が生じた．また，三陸沿岸の石油精製施設が被災したことや，輸送路である高速道路，鉄道が被災により閉鎖・運行休止されたことから，被災地とその周辺でガソリン不足が深刻化した．このため，ガソリンスタンドでは数kmにわたり給油を待つ行列ができた（図8.9参照）．しかし，筆者らによる盛岡市，遠野市での調査[9]では，震災直後に給油した者の約4割は不安解消のためなどの不要不急の給油であった．パニックによる買いだめ現象は，1970年代のオイルショック時にもトイレットペーパーが不足するなどでみられたが，対策として物資供給の見通しに関する情報提供の充実や，消費者が冷静に行動する自覚が必要である．

図8.9 国道4号の両側にできた給油待ちの行列
（盛岡市国道4号，2011年3月14日）

Coffee Break

■ 救援物資

　災害が発生すると，被災地へさまざまな救援物資が送られてくる．善意による個人や民間からのものもあれば，国やほかの自治体からの公的な救援物資もある．しかし，災害の規模が大きいと救援物資も膨大になり，受け手の自治体はその扱いに忙殺されることになる．救援物資は第二の災害と皮肉る人もいる．とくに困るのは個人から送られてくる生もの，古着である．なかには古着で生ものをくるんで送るという，担当者が卒倒しそうなものもあるという．生ものは食べられるかどうか確認できないので捨てるしかないし，古着はきれいにクリーニングしてあったとしても被災者には不評でだれも持っていかない．古着は捨てるか古着の業者に引き取ってもらうしかなく，救援に役立つどころか足を引っ張ることになる．被災直後は品物がよいだろうが，その後の支援はお金が役立つと思う．

演習問題 [8]

8.1　阪神・淡路大震災以降の地震を一つ選び，災害時のボランティア活動について調べよ．
8.2　大学，研究機関で行われている地震関係の研究課題を調べよ．

第9章　津　波

　東日本大震災では，津波により沿岸地域で大きな被害が発生した．津波は地震動とは異なり，地震によって発生する大規模な波により被害を生じさせる．わが国は地震国であると同時に海洋に囲まれており，常に津波の脅威にさらされている．ここでは，津波について，歴史，メカニズム，土木構造物の被害，津波対策などについて述べる．

9.1　津波被害の歴史

　わが国の古い記録では，684年（天武13年）11月に土佐（高知県）で地震が起こり，日本書紀には「大潮高くあがりて，海水ただよふ．是によりて，調（税の一種：筆者注）運ぶ船，多に放れ失せぬ」[1]と記されている．この地震は，南海トラフ沿いに発生した白鳳地震ではないかといわれている．近世では，1854年（嘉永7年）に日露和親条約締結のために訪れたプチャーチン提督を載せたロシアのフリゲート艦ディアナ号が，下田で安政東海地震（M 8.4）によって発生した津波により，大破して沈没している．明治以降のわが国の大きな津波は，1896年の明治三陸地震，1933年の昭和三陸地震，1944年の東南海地震，1960年のチリ地震津波などがある．図9.1は，1600年から1990年までに日本沿岸に襲来した津波エネルギーの都道府県別の集積値を示しているが，岩手県が群を抜いて大きいことがわかる．

　チリ地震津波は，1960年5月23日（日本時間）に遠く南米チリ沿岸で発生したM_W 9.5の巨大地震による津波が，約22時間かけて1万数千km離れた日本沿岸に到達したものである．大船渡では波高が4.9mにも達し，日本では死者・行方不明者は142名にのぼった．このように，津波には国際的な情報交換が必要なため，1946年のアリューシャン地震（M_W 8.1）を契機として，1949年にハワイには太平洋津波警報センターPTWC（Pacific Tsunami Warning Center）が設置されている．

　2004年12月26日に発生したスマトラ島沖地震では，大規模な津波が発生し，インド洋周辺国において20万人を超える死者・行方不明者をだすとともに，住居や，イ

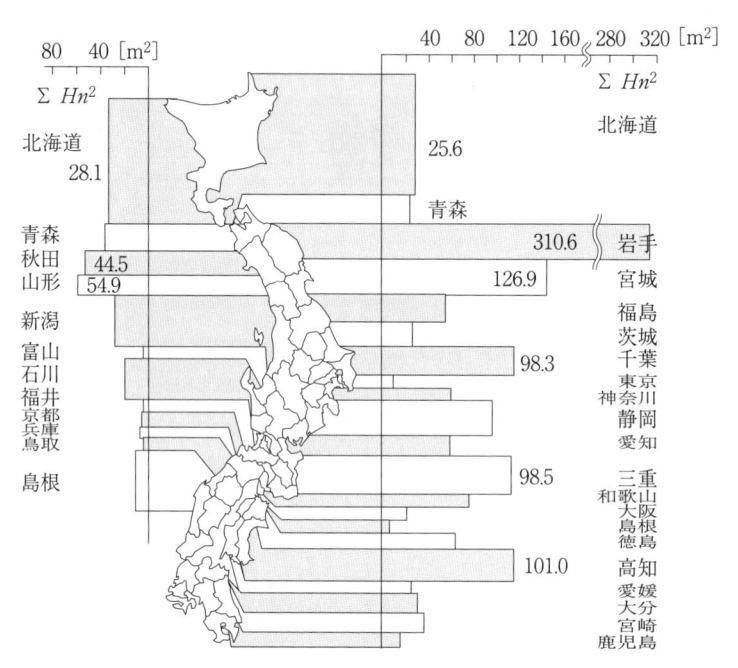

図 9.1 日本沿岸の 1600 年から 1990 年までの津波エネルギー集積値 (Hn は到達高さ)[2]

ンフラ施設などに大災害を引き起こした．とくに，スマトラ島北端のアチェ特別州西海岸は甚大な被害を受け，州都バンダアチェから南方約 250 km に位置するムラボーに至るまでの海岸沿いの地域では激甚な被害を受けた．津波の高さは，バンダアチェでは 10 m 規模，ムラボーに至る西海岸の地域は最大で 30 m を超えると推定された[3]．津波が押し寄せた，海岸から数 km の範囲一面は，建物のほとんどが崩壊・流失し，大規模な船舶も内陸数 km の位置まで流された（図 9.2 参照）．

わが国では，2011 年 3 月 11 日に発生した東北地方太平洋沖地震で，東北地方から関東地方沿岸に巨大な津波が来襲し，死者・行方不明者は約 2 万人にものぼり，戦後最大の津波被害を生じた．岩手県宮古市重茂姉吉地区では，津波遡上高は 40 m を超した．仙台市若林地区では，869 年の貞観地震以来の大津波に襲われ，海岸線から約 4 km の地点まで津波が浸入した．

9.2　津波のメカニズム

海底面下の比較的浅い場所（約 80 km 以内）で地震が発生し，海底が隆起または沈降すると海面が上・下動して津波が発生する．発生した津波は，周囲に波として広が

図 9.2 津波によりバンダアチェ市街に漂着した大型の発電船

っていく．その速さ V は波の伝播速度と同じであるから，次式となり，水深が深ければ深いほど速くなる．

$$V=\sqrt{gh} \tag{9.1}$$

ここで，V：津波の伝播速度 [m/s]，g：重力加速度 [9.8 m/s^2]，h：水深 [m]．

たとえば，水深 4000 m の深海域ではジェット機並みの時速約 710 km/h，水深 200 m の大陸棚付近では新型スカイライナー並みの時速約 160 km/h となる．津波は水深が浅くなるにつれて伝播速度が遅くなり，波長が短くなって波高が高くなる．津波の高さは水深の 4 乗根に反比例する．さらに，津波は陸地を駆け上がり，津波の波高以上に達することがある．この高さを津波の遡上高という．V 字型の入江など奥に向かって狭くなる地形では，奥になるにしたがって波高が高くなる集中効果があり，津波の被害が拡大しやすい．大潮や満潮などのように潮位が高い場合も波高が高くなり，被害が大きくなる．

津波の高さは平常潮位からの高さで示すが，陸上に上がったあとの高さには，浸水深，建物などに残された津波の痕跡までの痕跡高，津波が駆け上がった高さである遡上高がある（図 9.3 参照）．

津波は，通常 1 回（波）だけではなく，数波にわたりくり返し来襲する．そして，第 1 波が最も高いとは限らない．津波来襲前に潮が引くという説が一部の人々に信じられているが（実際東北地方太平洋沖地震では，最初に引き波が観測され，海岸沿いの海底が露出されたところもあった），津波はつねに最初が引き波とは限らない．最初が引き波になるか押し波になるかは，地震時の断層の動く方向や到達地点の海底の地形によっても変化する．

震源上で発生した津波は，さきに述べた速度で海岸に向かうが，震源の位置と海岸

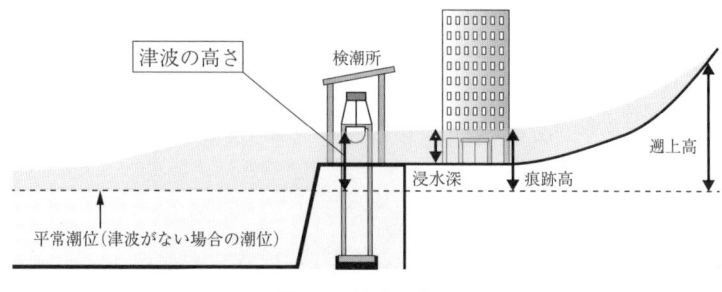

図 9.3 津波の高さ

までの距離で地震発生後の到達時間が決まる．東北地方太平洋沖地震では，沖合約 200 km で発生したため，海岸到達まで 30 分から 1 時間程度かかったが，1993 年の北海道南西沖地震（$M 7.8$）では，震源と近かったため，地震発生後約 5 分で第 1 波が奥尻島に到達した．

津波と洪水との違いは，津波は急激な水位の上昇があり，激しい水流と水圧が作用することや，引き波により反対側からも急激な水流が発生して，被害が拡大することである．また，船舶や瓦礫などの漂流物が家屋を破壊するので，洪水より大きな被害が出やすい（図 9.4，9.5 参照）．

図 9.4 津波で漂着した貨物船（東北地方太平洋沖地震，釜石市）

図 9.5 引き波により破壊された防潮堤（東北地方太平洋沖地震，大船渡市末崎町）

津波は，海底の地殻変動以外の原因でも発生することがある．1792 年 5 月 21 日に雲仙で発生した地震により，眉山の東斜面が崩壊し，崩壊土 $0.34 km^3$ が島原湾に崩落して大津波を生じた．この結果，高さ 30 尺（9 m）にも及んだ津波は対岸の天草・肥後にも達したのち，肥後側で反射して再び島原を襲い死者約 1 万 5 千人を出し，「島原大変肥後迷惑」とよばれた大災害をもたらした．

津波の到達高さは，被災地の痕跡を調査し，建物についた津波の痕跡や，電線などに付着した海草や衣類などによって，知ることができる（図 9.6 参照）．歴史的資料のない過去の津波については，海岸の地層の観察やトレンチ調査，ボーリング調査などを行い，津波堆積物を調べる方法がとられている．

図 9.6 樹木に付着した津波の痕跡（東北地方太平洋沖地震，陸前高田市）

9.3 津波注意報，津波警報

気象庁は地震発生後 3 分以内に津波の高さを予測し，その高さにより津波注意報，津波警報を発令する．この基準は東北地方太平洋沖地震後に見直され，表 9.1 のようになっている．

表 9.1 気象庁の津波の高さ予想の表現

法規上の区分	分類	津波の高さ表現（カッコ内は予想される範囲）	定性的表現
警報	大津波警報	10 m 超（10 m〜） 10 m（5〜10 m） 5 m（3〜5 m）	巨大
	津波警報	3 m（1〜3 m）	高い
注意報	津波注意報	1 m（0.2〜1 m）	

9.4 津波による被害

9.4.1 橋梁の被害

東北地方太平洋沖地震では，津波によって上部構造の流出や，下部構造の流出・損壊，基礎の洗掘，橋台背面土工部の流出・洗掘，漂流物の衝突による損傷などの橋梁被害が生じた．

（1）上部構造の流出

東北地方太平洋沖地震では津波の高さが橋の上部構造にまで達し，津波の作用力によって上部構造が流される被害が生じた．その事例として，国道45号歌津（うたつ）大橋は，

図9.7 津波による上部構造（プレストレストコンクリートT桁）の流出（東北地方太平洋沖地震，国道45号歌津大橋）

図9.8 津波による上部構造（鋼鈑桁）の流出（東北地方太平洋沖地震，国道45号小泉大橋）

図9.9 津波による上部構造（トラス）の流出（東北地方太平洋沖地震，国道398号新北上大橋）

図9.10 津波による橋脚の流出（東北地方太平洋沖地震，国道45号小泉大橋）[4]

全12径間のうち中央の8径間のプレストレストコンクリートT桁が流出した（図9.7参照）．国道45号小泉大橋は，6径間すべての鋼鈑桁が流出した（図9.8参照）．また，国道398号新北上大橋は，全7径間のうち左岸側の2径間のトラスが流された（図9.9参照）．

（2）下部構造の流出・損壊

国道45号小泉大橋では，橋脚が1基破壊されて流出した（図9.10参照）．また，国道45号歌津大橋の橋脚で，津波の作用力によって梁部が山側に傾き，柱部の山側が圧壊する被害が生じた（図9.11参照）．

（3）基礎の洗掘

津波によって橋梁基礎周辺の土砂が流出し，基礎の洗掘が生じた（図9.12参照）．

図9.11　津波による橋脚の損壊（梁部が山側に傾き，山側の柱部が圧壊（東北地方太平洋沖地震，国道45号歌津大橋））

図9.12　津波による基礎の洗掘（洗掘部にコンクリート打設が行われている（東北地方太平洋沖地震，国道45号二十一浜橋））[4]

図9.13　津波による橋台背面土工部の流出（流出した土工部に仮設橋が設置されている（東北地方太平洋沖地震，国道45号二十一浜橋））[4]

図9.14　津波による橋台背面土工部の洗掘（東北地方太平洋沖地震，国道45号鳥谷坂橋）[4]

図 9.15　津波漂流物の衝突による主桁の変形（東北地方太平洋沖地震，国道 45 号片岸大橋）

図 9.16　破壊された湾口防波堤（東北地方太平洋沖地震，釜石，古川信雄氏提供）

（4）橋台背面土工部の流出・洗掘

津波によって橋台背面土工部が流出したり，洗掘された（図 9.13，図 9.14 参照）．

（5）漂流物の衝突による損傷

津波による漂流物が橋に衝突して，部材に損傷を生じた（図 9.15 参照）．

9.4.2　防波堤・防潮堤の被害

東北地方太平洋沖地震では津波によって湾口に設置された防波堤，ならびに海岸に設置された防潮堤に大きな被害を生じた．

釜石港の湾口防波堤は，最大水深 63 m と世界一深いところに設置され，2009 年 3 月に完成した大規模な防波堤であったが，巨大な津波によってケーソンが港内側に移動・傾斜して水没するなどの被害が生じている（図 9.16 参照）．被害の原因としては，防波堤の湾外側と湾内側の水位差によりケーソンに大きな水平力が作用したことと，強い流れによる洗掘が生じたことが考えられている．このような被害が生じたものの，港湾空港技術研究所が行った，防波堤がない場合とある場合のシミュレーション結果によれば，この湾口防波堤によって港内の津波高の低減，浸水域の縮小，津波到達の遅延といった減災効果があったものと考察されている．

宮古市の田老地区では，1986 年の明治三陸地震津波，1933 年の昭和三陸地震津波と相次いだ津波で多数の犠牲者を出したことから，高さ 10 m，総延長 2.4 km に及ぶ二重の長大な防潮堤が築かれていたが，海側防潮堤が 500 m にわたって破壊され，陸側防潮堤も乗り越えた津波が集落を襲って被害を防止することができなかった（図 9.17 参照）．

防波堤や防潮堤などの津波防災施設については，東北地方太平洋沖地震で発生した

9.4 津波による被害

図9.17 破壊された防潮堤（宮古市田老地区）

ような最大クラスの津波に対しても，一定の減災機能を保持し，早期復旧が可能となるようにするため，損傷はしても壊滅的な倒壊に至らないような粘り強い構造とすることが求められる．

9.4.3 火 災

東北地方太平洋沖地震では，津波により気仙沼市鹿折地区や岩手県山田町，大槌町などで大規模な火災が発生した（図9.18参照）．津波により住宅からプロパンガスボンベや，自動車に積んだガソリンなどが流されて何らかの原因で火がつくと火災になる．ガソリンなどの液体燃料は海面を伝わって拡散し，火災を広げる原因ともなる．気仙沼では，給油タンクなどが流されて油に火がつき，広範囲に火災が広がったと推測される[9]．

図9.18 津波来襲後の火災で焼けた家（東北地方太平洋沖地震，岩手県山田町）

9.5 津波対策

9.5.1 津波対策の基本

津波は，地震動とは異なる災害であるので対処方法も違ってくる．震動ではなく波による災害という違いと，地震の起こったあとにタイムラグをおいて来襲するので予測が可能なことである．津波のレベルを，数十年に1度程度の比較的頻度の高く波高の低いレベル1と，数百年に1度程度のまれであるが波高が巨大なレベル2との2段階に分けて対策を考える．

レベル1の津波に対しては，防潮堤などのハードの施設で対応し，レベル2の津波に対しては避難することで対応する．想定される外力を2段階に分けるのは橋梁と同様な設計思想である．

したがって，津波を考慮した地域防災計画では，避難対策が必要となってくる．津波による浸水が予想される地区では，高台の避難所や避難するための高いビル（避難ビル）と，避難路を整備する必要がある．避難は原則として徒歩で行うため，地震発生から津波到達までの時間で到着できる距離に避難ビルを配置する必要がある．

津波災害で危険が予測される地区は，津波防災地域づくり法で津波災害特別警戒地域に指定することや，建築基準法第39条により条例で災害危険区域として指定し，建築制限をかけることができる．

9.5.2 津波対策のメニュー

津波対策は多岐にわたるが，例を表9.2に示す．構造物による被害防止のハード防災と，情報による被害軽減のソフト防災とがあり，組み合わせて対策を行う．東日本大震災以降は，上限のない自然災害に対して構造物で被害を防止する限界が明らかと

表9.2 津波災害のハード防災とソフト防災の内容

構造物による被害防止（ハード防災）	情報による被害軽減（ソフト防災）
・防波堤，防潮堤	・地震直後の自主避難
・海岸堤防，護岸	・津波・避難情報
・水門，陸閘	・津波の教訓
・防潮林	・防災教育
・3階建て以上のRC，SRC建築物*	・自主防災組織
・居住禁止域の設定	・ハザードマップ
・嵩上げ地域の設定	・地域防災計画
	・被害想定

[注] *：東日本大震災では，RC建物が倒壊したり3階建てでも不十分な地域があった．

なり，ソフト対策の重要性が認識されている．津波の教訓は，いままでにも顕彰碑や伝承などで伝えられている．三陸では津波にあったらそれぞれに逃げるという「津波てんでんこ」が有名である．ただし，ソフト対策は時間とともに忘れられたり変遷したりするので，継続的な対応が必要である．

9.5.3 まちづくり

　津波に対しては，個々の対策だけではなく，まちづくりから考える必要がある．東日本大震災前の津波防災まちづくりとして有名であったのは，岩手県宮古市田老地区である．1933年の津波災害を機に，旧田老村の村長であった関口松太郎氏は防潮堤を村独自で建設をはじめた．のちに国・県を動かし，数十年かけて高さ10 m，延長2 kmを超える防潮堤で地域を囲んだ（図9.19，9.20参照）．それと同時に区画整理を行い，高台への避難路を設けた．人口わずか5000人程度の地域でこれだけの防災投資をしたところも珍しく，海外からも見学者が多かった．1960年のチリ地震津波では，防潮堤が津波を防ぎその効果が確かめられた．

　田老地区では，防潮堤のハードばかりでなく，防災教育や津波経験者による語り継ぎ，防災訓練など，ほかの地区にはない防災対策を行っていた[11]．

　しかし，もともと田老地区の防潮堤高さは海面上10 mであり，当時，既往最大で

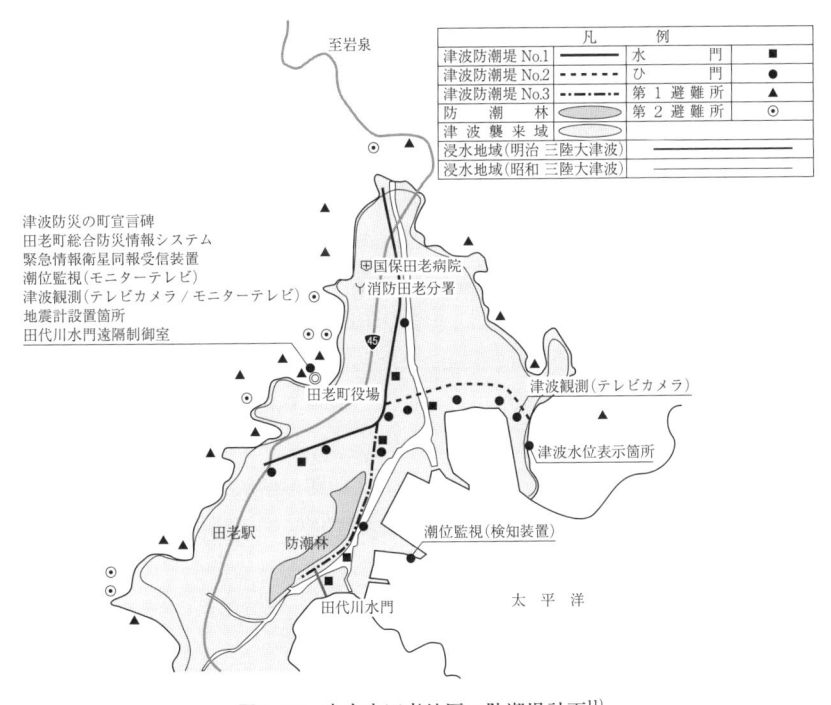

図9.19　宮古市田老地区の防潮堤計画[11]

図 9.20 被災前の宮古市田老地区の防潮堤

あった明治三陸津波の 15 m には対応しておらず，避難と組み合わせた防災計画であったが，時代が過ぎるにつれて防潮堤があれば防げるとの誤った理解がされるようになった．東日本大震災での結果は前述したとおりであり，設計思想を長期にわたって引き継いでいくことの難しさを示している．

津波防災まちづくりでは，地形や想定される津波の高さ，町の産業などにより画一的なまちづくりは描けないが，基本的な方針は 9.5.1 項に示したような 2 段階の防災対策が必要である．

浸水が想定される地区では，低層階の居住を禁止して，商業，農業，工業，公園などの用途に用いる．レベル 2 の津波に対しては避難を原則とするが，高齢者・障害者施設などのように，非常時にすみやかな避難が困難な者の施設や，避難所ともなる学校，病院は津波の及ばない高台に設置する必要がある．また，市役所・町村役場も被災すると復旧に大きな影響があるので，設置場所などの対策が必要である．

津波では，浸水深が 2 m 以上になると家屋の被災が急激に増加するため，ハザードマップで浸水深が 2 m を超えると推定される地区は対応が必要である（図 9.21 参照）．ただし，津波防災まちづくりには平時の生活とのバランスが必要であり，防災に偏ったまちづくりは平時の生活に不便を来たし，持続が難しい．山口彌一郎は昭和三陸津波（1933 年）の被災地を数年後に調査し，高台移転をした人々が不便さから再び低地に復帰するさまを述べている[12]．

このように，高台移転で災害を避けるだけでは問題の解決にならず，災害と共存しながら生活する工夫が必要である．東日本大震災では，同じ津波を受けながら流された家と流されなかった家があり，家屋の構造である程度対処できる可能性がある．今後，津波に強い家屋やシェルターなど，津波に襲われても人命を守るシステムの開発も必要である．

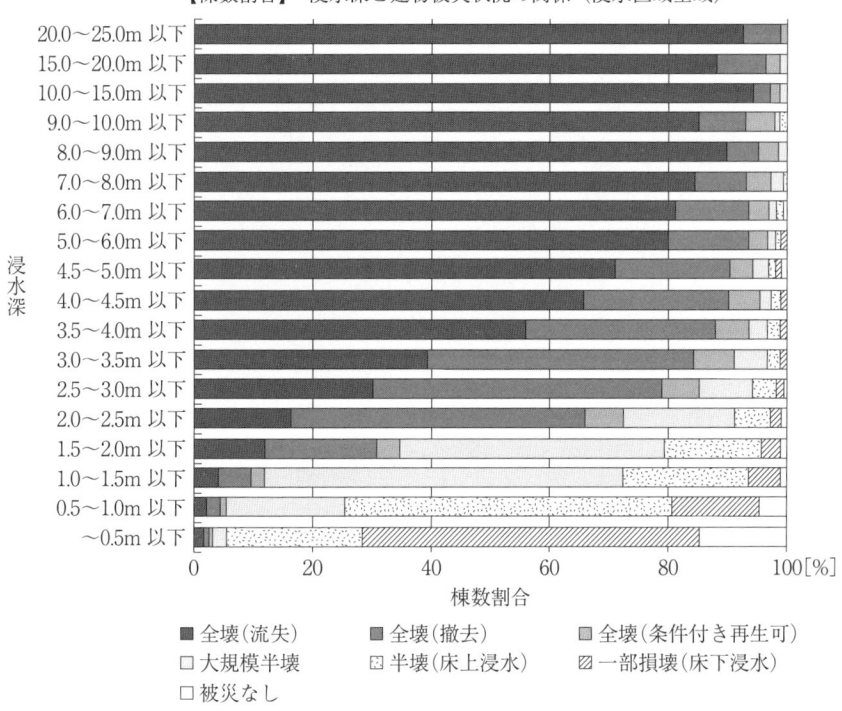

【棟数割合】 浸水深と建物被災状況の関係（浸水区域全域）

図9.21 浸水深と建物の被災の関係（国土交通省資料）

9.5.4 GPS波浪計

津波の襲来を沖合いでリアルタイムにとらえることができれば，正確な津波高さと到達時間の予測ができる（図9.22参照）．国土交通省港湾局では港湾整備のため，沖合にGPSを用いた波浪計を配備しているが，この情報を気象庁に提供して津波の予報や警報に役立てることとしている．

9.5.5 法制度

津波に特定された防災関係の法律は，次のとおりである．

（1）津波対策の推進に関する法律（平23法77）

東日本大震災による津波災害にかんがみて，津波対策に万全を期すために2011年に制定された．法律では，ハード面，ソフト面での国および地方自治体などの対策の努力義務や，津波防災の日（11月5日）の制定などが定められている．11月5日は，1854年の安政南海地震の「稲村の火」の故事にちなんで選定された．

（2）津波防災地域づくりに関する法律（平23法123）

東日本大震災を機に制定された法律で，この法律にもとづき都道府県は津波浸水想

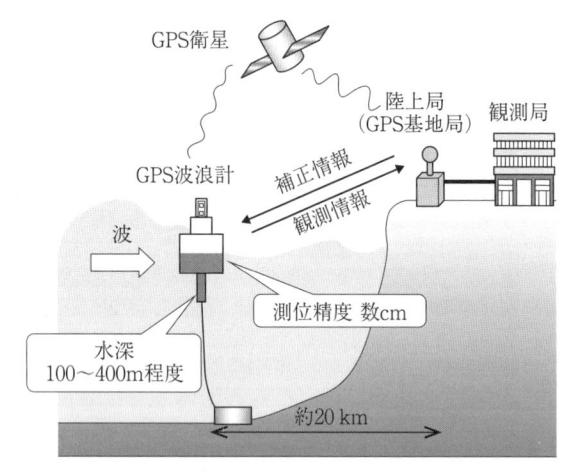

図 9.22　GPS 波浪計の概要（国土交通省資料）

定を設定して公表する．市町村は，津波防災地域づくり計画を推進するための計画を策定する．都道府県あるいは市町村は津波防護施設の新設および改良管理を行う．都道府県知事は，津波避難体制を強化すべき地域を津波災害警戒地域として指定でき，とくに危険な地域を津波災害特別警戒地域として指定して，開発や建築の制限を行うことができる．

Coffee Break

■ 津波の呼称

　現在は津波とよんでいるが，過去にはいろいろなよび方があった．昭和初期の文献には津浪（つなみ）という表記が多い．明治時代の文献には海嘯（かいしょう）とも書かれている．東北地方太平洋沖地震では，安全なところに建てたはずの明治 29 年，昭和 8 年の海嘯記念碑も津波により多く流され，今回の津波の規模の大きさを物語っている．

　津波の英語表記は tidal wave と書かれているものもあるが，tide は，本来は潮汐による波のことである．このため，tsunami が国際的にも用いられている．本章で述べたハワイの太平洋津波警報センターも Pacific Tsunami Warning Center と表記されている．tsunami と同様に，防災分野で日本語が国際用語となっているものに sabo（砂防）がある．それだけ日本は災害で有名だということであろうか．

演習問題 [9]

9.1 東日本大震災の被災自治体の復興計画を調べ，土地利用の観点から課題を述べよ．
9.2 過去の津波を調べ，地震発生から津波到着の時間と避難について考察せよ．

第10章 安全の考え方と住民の防災対策

　地震対策は，地震に対して人命や財産を安全にすることであるが，そのためには安全に対しての基本的な考え方が必要である．一般に，安全性を向上させると経済的に不利になるので，やみくもに安全を追求することは効率的な地震対策にはならず，安全性と経済性のバランスが必要となってくる．ここでは，防災における安全の，いわば哲学と，自助，共助などの住民側からみた防災対策について述べる．

10.1　安全の考え方

10.1.1　防災と安全

　地震などの災害から人や財産を守ることが防災である．どのようにして守るのかは，計画や制度などのソフトや，施設などのハードの技術であるが，どこまで守るのかを考えるのは哲学である．災害が起こるたびに再び同じことが起こらないように対策を立てているが，東日本大震災のような巨大災害から，完全に人や財産を守ることはできるのであろうか．ややもすると，感情論に走ってしまったり，復旧，復興を急ぐあまり達成すべき安全のレベルに関する議論はあいまいにされがちである．私たちのまわりには，災害以外にもさまざまなリスクが存在する．たとえば，わが国では交通事故で毎年5千人近くの人が亡くなっている．地震による防災だけ安全にすることは正しいのだろうか．また，何事も100%安全でないといけないと主張する人もいるが，これは正しいのだろうか．このことを考えるためには少々遠まわりになるが，安全について基本的なことを学ぶ必要がある．

10.1.2　安全の概念

　地震工学とは，地震から人間生活が安全に過ごせるように工学的な対策を行う方法である．それでは安全とは何であろうか．身体，財産が危険でないことと言い換えることは可能であるが，それでは危険とは何であろうか．安全と思われる日本でも毎日交通事故で死亡する人がおり，安全も，その反対の概念の危険も，きわめて主観的か

つ相対的である．

　危険はその可能性の高低を問わなければつねに存在し，その意味で絶対的な安全は存在しない．たとえば，地震工学で設計地震動は，主として過去の経験によって，決められているが，将来それより大きな地震動が作用する可能性は残されている．したがって，地震に対して絶対に安全な構造物を設計することは困難である．一般に，安全性を高めれば高めるほどコストは高くなり，結局どこであきらめるかの問題である．どこであきらめるかは，財布の中身（経済性）と安全に対する満足度とのバランスに相違ない．

　命は大事であるが，人間は必ずしも身の安全を至上の規範として行動していない．たとえば，前述したように，毎年多くの人が交通事故の犠牲になっているが，だからといって車社会をやめようとはしない．冬山登山やスカイダイビングはかなりの危険を有するが，別に法律で禁止もしていない．「虎穴に入らずんば虎子を得ず」「河豚(フグ)は食いたし命は惜しし」との諺もあるとおり，得られるメリットが多ければ多少の危険は受容するものであるし，人はむしろスリルを楽しむ傾向すらある．

　危険をすべて避けようとすると消極的な行動になり，別の危険を背負うことにもなりかねない．原始の昔には人は狩りをして生きていたが，狩りではけがをしたり場合によっては命を落としてしまう．しかし，危険だからといって狩りをやめると，今度は食べ物がなくなり餓死してしまう．現在でも，漁師が津波が怖いと浜から離れてしまえば漁ができなくなる．

10.1.3　安全の歴史

　古代から中世以前においては科学の概念もほとんどなく，人々は地震，火山の爆発などの天変地異，疫病の流行，猛獣の来襲，戦争などの危険に対しておそれおののき，現在のような有効な対策をもちえなかった．そのころ人間は，すべての現象は神の意志と考え，それを鎮めるために祈禱(きとう)，呪術(じゅじゅつ)，犠牲(ぎせい)など宗教的な儀式を通じて心の安全（やすらぎ）を確保しようとした．

　ルネサンスを経て産業革命を迎えると，科学技術は格段に進歩し，さまざまな物理諸法則が明らかになるとともに数々の発明がなされた．そして，宗教よりも科学技術によって安全を確保しようとする動きが主流となってきた．

　また，大航海時代になると多くの艦船が大海原を行き来し，物流が盛んになった．ところが，航海技術が未熟であった当時では，嵐などで船が難破沈没することも少なくなく，船主が漠大な損害を被ることがあった．これらの背景から，イギリスのロイズにみられるように保険が発明され，システム面での安全の確保もはかられるようになった．

このように，安全性の確保は，心の安全から物理的な安全や経済的な安全へと変化してきているが，根底は人間がどれほどの安心感をもつかである．太古の昔ほどではないが，現在でも道路や建物などのプロジェクトの起工時や完成時には安全祈願祭が行われ，神事をしたり大安の日を選ぶ習慣がある．これは，100％の安全を望めない人間が最後のよりどころとしているのは，やはり心の安全であることを示している．

10.1.4 安全と不安

心の安全が満たされていない状態が不安である．不安は漠然としたやすらぎのない状態であるが，それが具体的な形を形成してくるのが恐怖であり，さらに昂進すると戦慄となりパニックとなる．

カフカは，その作品「巣穴」のなかで，人間のもつ不安を見事に言い当てている．この作品では，1匹のもぐらが敵から身を守り，獲物も捕らえやすい巣穴を工夫してつくるが，どんなに努力して工夫してもどこか1箇所危ないところがでてくる．その箇所を安全にしようとすると新たな弱い箇所がでてくる．そして，本物の敵をまえにするより，正体の見えない敵に対して絶えず不安に襲われるというものである．

同じ条件でも，不安に思う心配症の人と，そう思わない楽天家の人がおり，個人差が大きい．不安は客観的な条件として存在するものではなく，その人の心に内在するものである．世のなかの現象は絶対確実なものは少なく，完全に予測することは不可能である．したがって，完全主義に陥りあくまでも避けるべき悪い可能性を選択していけば，一見バラ色に見える未来も一転しておそろしい悪夢に満ちたものとなる．反対に，最もよい可能性を選択していけばどのような困難な状況でもきわめて明るい将来を思い描くであろう．

悲観的な見方をする人の場合，たとえおそれる事象が起こらなくても，不安というストレスを受けることで心身に異常をきたすことが多く，その意味で前者のほうが害が大きい．いずれにしても，当然のことながら両極端の事象は起こりにくく，一般には真実はその中間にある．

10.1.5 危険の許容範囲

それでは，安心感の目安となるものはあるのだろうか．言い換えれば，どの程度までの危険であったら人間は受容するのであろうか．一つの考え方に，個人的な事象に関しては100万分の1以下（10^{-6}）の確率のときはその危険性がないとみなすというものがある．99.9999％の安全といってもよいが，9が六つ並ぶので通称シックスナインともいう．紀元前の中国の周の時代，「杞」の国では，人々は天が落ちてくるのではないかと心配して憂いた．これを杞憂という．取り越し苦労のことだが，現実には

隕石は毎日地球に落下しており，それに直撃されるとまず命はない．このことを心配すればおちおち外も歩けず「杞憂」になるが，当たる確率がきわめて低いため，実社会で生活をするうえで，その可能性を考えなくてよいということである．これは経験則による一種の割りきりと考えることができる．

宝くじで1億円が当たる確率は100万から200万分の1の間なので，当たることは考慮に入れないほうが賢明であろう．100万人に1人が死ぬリスクの例を表10.1に示す．

表10.1　100万人に1人が死ぬリスクの例

650 km の航空機飛行
100 km の自動車旅行
紙巻きタバコ 3/4 本の喫煙
岩登りを 1.5 分続ける
60歳の人間が20分以内に死ぬリスク
経口避妊薬を 2.5 週間飲み続ける
ワインを半本飲む

Pochin E. E.: The acceptance of risk, Brit. Med. Bull. 1975年

それでは，100万分の1以下でも安心ができない，100%安全でなければならないという主張はどう考えればよいだろうか．図10.1は，簡易生命表から計算した年齢別の1年間の死亡率を示している．これを見てもわかるが，どの年齢でも死亡率はゼロではない．生物は生まれるといつかは死ぬという定めにある．したがって，仮に災害

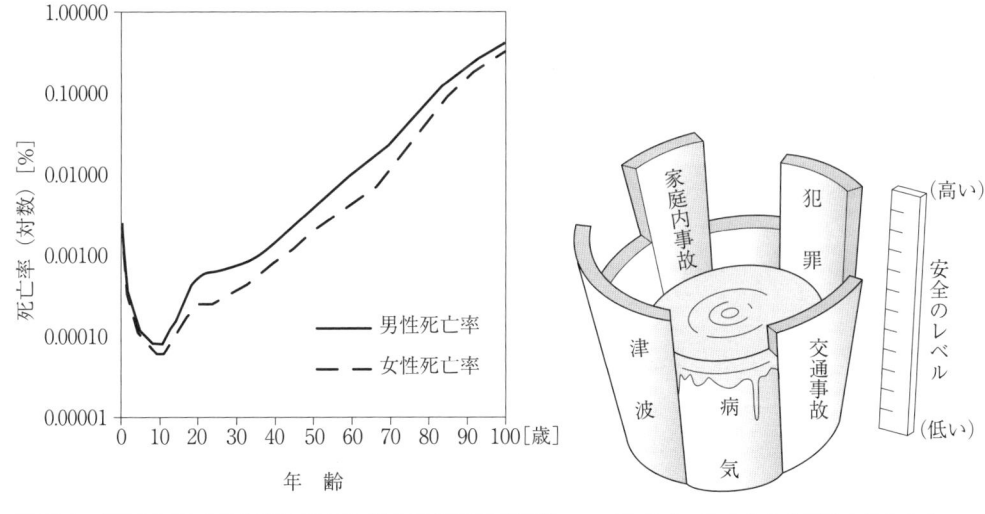

図10.1　簡易生命表による1年後の死亡率（平成22年版厚生労働省）　　図10.2　リスクの木桶によるたとえ

など何らかのリスクから100％逃れることができたとしても，トータルでは100％安全とはいえない．安全は木桶のようなもので，さまざまなリスク（板）のうち最も安全レベルの低い（短い板の）位置までしか水はたまらない（図10.2参照）．災害で死ぬのは嫌だが，ほかの原因で死ぬのは受け入れるというのは矛盾していないだろうか．これは防災対策は必要ではないという乱暴な議論ではない．安全対策には社会的コンセンサス，経済的側面などからのバランスが必要であり，どのレベルでリスクを抑えるかは重要なポイントである．

10.1.6 危険の感じ方

一度に n 人が死亡する危険の発生確率を P_n とした場合，死亡者数の期待値 N ［人］は，

$$N = n \cdot P_n \tag{10.1}$$

となる．であるから1000人が一度に死ぬ危険が1000年に1回の確率であるのと，1人が死ぬ危険が1年に1回の確率であるのと死者数の期待値にしては同数である．しかし，前者のインパクトのほうが強く感じられる．たとえば，交通事故の死者数は，最近は毎年5000人前後であるが，この数は阪神・淡路大震災での死者数とほぼ同じである．しかも，前者は毎年であるが，後者は数十年～数百年に1回しか発生しない．それにもかかわらず，社会に与えたインパクトはたった1回の大地震にかなわない．毎日，死亡交通事故のニュースがあるが，日常的なことであまり関心をよばない．このように，頻度は高いが低レベルの危険は人々の注目をあまり集めない．

10.1.7 安全の投資額

大地震のたびに，政府の地震への備えが十分ではないと批判が起こる．しかし，仮に十分すぎる安全対策を行っていたら反対に税金の無駄遣いと批判をされるであろう．安全はただではない．

安全への投資額の決定はきわめて主観的なもので，かつ時代とともに変化する．防衛費は安全投資の一つであるが，その規模がどれほどでよいのか，理論的には決まらない．わが国では，長い間 GNP の1％以内としていたが，その数字に根拠はなく政治的目標にすぎない．

安全をえるにはコストと多少の不便を承知しなければならない．安全な車に乗ろうとすれば，大きくてさまざまな安全装置を備えた車を選べばよいが，それには購入と維持にコストがかかる．安全のために扉に鍵を二つかけるとすれば，一つのときより開閉に手間がかかり不便になる．

また，安全は相対的なものである．どんな対策をしようが100％絶対に安全という

ことはありえない．したがって，コストと効果のバランスが重要である．財産の安全をはかるために全財産をはたいて，どんな泥棒も開けられない安全な金庫を買ったとしたら笑い話になる．守るものとそのコストと効果を勘案して，安全対策の規模を決定しなければならない．概念的には次のような考え方が可能である．

$$L \times P\Delta \geq C \tag{10.2}$$

ここで，L：災害にあった場合の損失額，$P\Delta$：安全対策による災害発生確率の低下度，C：安全対策にかけるコスト．

　生命のように金額に換算しにくい場合はどうなのであろうか．わが国では，人の命に値段をつけることがタブーになっている．生命は地球より重いといった政治家がいたが，それは詭弁であり，生命を守るには無限大のコストがかかってしまうことになり，何もできないことと等しい．災害対策においても，交通安全対策においても人命財産の損失と安全投資を天秤にかけた冷静な論議がされていない．人の命の値段をつけるのは心情的には抵抗があるが，合理的な政策を打ち出すには考え方の転換が必要である．

10.1.8　危機への対処法
（1）リスクマネジメント[3]

　企業の危機管理として発展してきたものに，リスクマネジメント，またはクライシスマネジメントとよばれる手法がある．これを地震防災に導入しようとする動きがある．リスクマネジメントのプロセスは，以下の四つである．

① リスクの特定：リスクを発見，認識，特定する．
② リスク分析：リスクの特性を理解し，その大きさを決める．
③ リスク評価：リスクやその大きさが受容できるかどうかを決める．
④ リスク対応：リスクへの具体的対応を決める．リスクへの対応は，回避，保有，低減，移転などがある．

　リスクを同定するためにリスクマッピングが行われる（図10.3参照）．これは，リスクの頻度と損害を軸にしてグラフにリスクを並べるものである．

　たとえば，地域防災計画で，リスクマネジメントを応用して地域にどのような危険があり，それがどのくらいの確率で発生するか，その結果，どの程度の損失が発生するのかを，リスクマッピングをして重要なものから対応を検討することが可能である．

第10章 安全の考え方と住民の防災対策

```
大 ┃
　 ┃  ┌─────────┬─────────┐
発 ┃  │ タイプⅡ  │ タイプⅠ  │
生 ┃  │ 発生防止  │ 回避，低減 │
頻 ┃  ├─────────┼─────────┤
度 ┃  │ タイプⅢ  │ タイプⅣ  │
　 ┃  │ 保有，無視 │ 損失削減  │
　 ┃  │         │ 移転     │
小 ┃  └─────────┴─────────┘
　 ┗━━━━━━━━━━━━━━━━━━━━━━
      小      損害       大
```

図 10.3　リスクマッピングの概念図

（2）多段階のリスク対処

リスクへの対処方針を立てて実行しても，予測できない不確定要素により対処に失敗することがある．たとえば，事故を起こさないために慎重な運転をしても，相手の飛び出しにより事故になるなどである．この場合，多段階の対処法を用意しておけば，最初の対処手段が失敗しても，次の対処方法を用意することでリスクを軽減することが可能になる．たとえば，交通安全では，表 10.2 に示すように事故が起こらないようにする能動的な安全対策と，事故が起こっても被害が拡大しないようにする受動的安全対策とがある．犯罪に対しても，やはり表 10.3 のように能動的と受動的の 2 段階の防犯対策が考えられる．

地震防災分野では，橋梁の設計や津波防災に用いられているレベル 1，レベル 2 の 2 段階の防災システムがある．すなわち，頻度が比較的高くリスクレベルの低いレベル 1 と，頻度は低いがリスクレベルの高いレベル 2 とに分けて対処方法を用意するものである（表 10.4 参照）．

10.1.9　地震と安全

第 1 章で述べたように，日本で地震の影響がないところはなく，地震の発生を止め

表 10.2　交通安全対策の考え方[2]

対象	能動的安全対策	受動的安全対策
人	安全教育，免許制度	救護方法の教育
車	ブレーキ性能の向上 視界の確保	シートベルト，エアバッグ 車室の保護
道路交通環境	信号，標識，道路照明の整備	防護柵の整備 救急体制の整備

表10.3 防犯対策の例

能動的安全対策	受動的安全対策
・鍵を二重にかける ・多額の現金をもち歩かない ・夜に出歩かない	・盗難保険をかけておく ・防犯ブザーをもち歩く ・護身術を習う

表10.4 多段階のリスク対処例

	レベル1	レベル2
橋梁設計	壊れない	損傷があっても落橋しない，復旧容易な損傷にとどめる
津波防災	津波を抑える	津波の勢いを減少させる，避難する

ることはおそらく将来にわたっても困難と考えられる．兵庫県南部地震までは，地震が発生してもハードの技術で被害を抑える対策が主であったが，大きな地震ではハードで抑えようとすると非常にコストがかかることが認識された．東北地方太平洋沖地震では，さらにハードだけで抑えることの難しさが明らかとなった．たとえ1000年に1度の津波に耐えるために高台移転しても，1万年に1度の津波がきたら安全とはいえない．災害には上限がないのである．このため，100％災害を防ごうとする「防災」の考え方から，災害を減少させる「減災」へと考え方が変化してきた．構造物の寿命（数10〜100年程度）以内に発生する確率の高い地震をレベル1とし，それ以上のまれで巨大な地震をレベル2として，レベル1についてはハードを中心にして守り，レベル2に対してはソフトとハードの組み合わせにより人命を守るように2段階で防災が考えられるようになった．

　大きな地震がきた直後は，人々はその被害をみて不安になり対策を考え，防災グッズを買ったり地震保険に入ったり免震マンションを買おうとしたりする．しかし，時間とともに被害の印象は忘れられてゆき，費用と努力の必要な安全対策はしだいに行われなくなる．「喉元過ぎれば熱さを忘れる」である．風水害のように，毎年のように襲う災害については人々に前回の被害の記憶があり，準備も行われるが，地震のように間欠的で，ある地域についてみれば非常に長いスパンの周期で襲う災害は忘れられやすく，経済効率の面からみても有効な対策は打ちにくい．首藤伸夫ら[3]は，災害発生後からの年数と人々の災害への関心を表10.5のように分類している．

　地震の場合，同じ人がまえの災害の教訓を次の災害に活かせる可能性が低く，場合によっては次の世代にも役に立たない可能性もあるところに地震対策の難しさがある．関東地震が発生した9月1日は，毎年防災の日として人々に防災を喚起しているが，このように，ときどき過去の災害を振り返り，記憶を新たにしていく必要がある．

表 10.5　災害の認識[4]

災害発生後からの年数	人々の認識
7～8 年	災害への関心はきわめて高い
10 年	災害は徐々に無視されはじめる
15 年	被災者の半数はもう何も起こらないだろうと思う
30～40 年	災害の記憶は残るが対策は必要との認識はなくなる
100 年	災害の記憶すら怪しくなる

10.2　住民の防災対策

　8.2 節で述べたように，防災には，行政による支援である「公助」と，住民同士の助け合いである「共助」，個人の努力での「自助」とがある．公助は組織的，専門的で強力であるが，災害直後のすみやかな支援は難しく，とくに発災直後は自助，共助が重要となる．公助の資源も限りがあり，公助のみに頼れないため，自助，共助は重要な役割を果たす．自助もハード面，ソフト面の対策がある．

10.2.1　ハード面の自助
(1) 家屋の耐震診断，耐震補強
　新たに家を購入する場合と，すでにある家とでは対策が異なる．地震による家屋の被害は，震動による被災，地盤の液状化や崩壊による被災などがある．新たに家を購入する場合，家の立地について検討を行う必要がある．東日本大震災では，震源から遠く離れた場所でも住宅地の液状化や盛土の崩壊があった．地下水位の高い埋立地では液状化が起こりやすいし，谷を埋立てた土地は地盤沈下しやすい．軟弱な地盤では，第 4 章に示したとおり地震動が増幅される．したがって，開発されるまえの土地の状態を知ることで，脆弱な地盤を避けることができる．専門家に調査してもらうのが最も望ましいが，簡単な方法としては地名から判断するものがある．谷，川，沼，池，滝，津などの地名は，その場所がかつて川や池，海であったことを示していることが多い．周囲より地価の安い宅地はそれなりにリスクが大きいと考えたほうがよい．さらに，災害は地震だけではないので，水害や土砂災害などのほかの自然災害のリスクもチェックしておく必要がある．自治体でハザードマップを公開しているところもあり，参考にするとよい（たとえば，国土交通省ハザードマップポータルサイト http://disapotal.gsi.go.jp/ など）．

　すでにある家では，耐震診断と補強が必要である．建築基準法が改正されて新耐震基準になったのが 1981 年であるので，これ以前に建てられた家屋は現在の耐震基準

を満たしていない可能性がある．すでにある建物で現行基準を満たしていないものを既存不適格という．耐震診断は，木造家屋であれば壁や柱の数や配置などにより，ある程度耐震性を自己診断できるプログラムがある．マンションのような大きな建物では，専門家による調査が必要になってくる．一般に，建物は窓，ドアなどの開口部が少なく壁が多ければ耐震性は高い．開口部が特定の箇所に集中したり，ピロティ構造のように剛性が場所によって極端に異なる建物は耐震性が低い．耐震補強は，壁の数を増やしたり補強する，柱を補強する，筋交い（ブレース）を設置するなどにより行う．窓にはガラスの飛散防止にフィルムを貼付したり，網入りガラスに変える方法がある．また，地盤についてはさきに述べたように，もともとの地形がどうであったかを調べることが必要で，平時から家が車の通過などでよく揺れるなどの事象があれば，地盤の脆弱性を疑う必要がある．

（2）家具の固定

地震時に家庭内の家具が倒壊して下敷きになったり，飛んできた家具でけがをしたり，避難しようとしたときに出口を塞がれたりすることが多い．兵庫県南部地震では，発生が午前5時46分と早かったため就寝中の人が多く，家屋や家具の倒壊により犠牲になった人も多かった．寝室などの家具が倒壊したときに避けられないところは，家具を置かないなどの工夫と，家具を止め具で固定すること，食器棚などが開いてなかのものが飛散しないようにストッパーを取り付けることや，タンスなどの上に重いものを載せないことなどが地震対策として有効である．

（3）食糧・水の備蓄

地震では，電気，ガス，水道などのライフラインが止まり，商業システムにも被害が及ぶため，食糧，水，エネルギーの供給などを絶たれることが多い．大きな災害でも，おおむね3日間程度あれば救援がくるので，水，食料はおよそ3日分の備蓄が必要である．とくに水は重要で，1人1日最低3リットルは必要とされている．

（4）非常用品の備え

非常用品として，ヘルメット，軍手，消火器，救急用品，生理用品，大工道具，懐中電灯，乾電池，ラジオ，携帯ワンセグ，ろうそく，携帯コンロ，キャンプ用品，現金などが役に立つといわれている．ただし，常時使用または点検していないと，懐中電灯が電池切れなどでいざというときに使えないことが多い．

10.2.2　ソフト面の自助

東日本大震災では，避難などソフト面の自助の重要性が指摘されている．

（1）避難訓練への参加

地域の避難訓練に参加することにより，避難場所・避難経路の確認が行え，防災意

識の向上にも役立つ．防災マップのある地域では，防災マップを冷蔵庫などの家庭内の目立つところに貼り，防災情報になじんでおく．

（2）家庭内防災マニュアルの作成

災害が生じたときの連絡先，集合場所，交通機関が止まった場合の対応，通信ができない場合の対応などを事前に打ち合わせ，ペーパーにして常時携帯しておく．携帯などに入力しておくと電池切れでデータが取り出せなくなるので，できるだけローテクな手段を用いたほうがよい．

（3）通信手段の確保

災害時には，安否確認などの電話やメールが輻輳して通信回線の容量をオーバーするため，通信業者が通信を制限したり，通信施設そのものが被災して通信手段が断たれることが多い．阪神・淡路大震災の教訓から，NTTは災害用伝言ダイヤルのサービスを1998年から開始している．これは，災害が起こったとき，被災地に向けた電話が込み合ってかかりにくい場合に開設される．手順は電話で171をよび出し，自分の固定電話の電話番号を入力してメッセージを入れておくと，ほかの人が171をよび出してその電話番号を入力すると入れたメッセージが再生されるようになっている．メッセージは48時間記録されて，それを過ぎると自動的に消去される．暗証番号を用いて特定の人に聞かせることも可能である．

近年は，電話やメールのほかに，SNS（ソーシャル・ネットワーキング・サービス）とよばれるインターネットを用いたコミュニケーション手段があり，東日本大震災のときに有効であったといわれている．

10.2.3 共 助

防災には，近年，ソーシャルキャピタル（社会関係資本）[5]の重要性が指摘されるようになった．ソーシャルキャピタルとは，人々の協調行動により社会が効率化することであり，日頃，隣近所の付き合いのよい地域は，災害のときに隣人の安否確認や救助，情報の連絡，水や食糧の共有などを協力し合い，防災のポテンシャルが高いということである．情けは人のためならずというが，利他的な行為は結局自分に返ってくる．

これらの住民どうしによる支援は共助とよばれ，公助と自助の間に位置する．町内会などの自治会やボランティア組織により，地域のソーシャルキャピタルが高ければ，災害のときにお互いを助け合うことで，公助，自助だけでは得られない防災力を発揮する．一般に，地方ではソーシャルキャピタルが高いが，大都会になるほど人と人とのつながりが希薄になりソーシャルキャピタルは低下するといわれる．

Coffee Break

■ 既存不適格

　兵庫県南部地震では，古い設計基準で設計された構造物の被害が多かった．建築では，現在の設計基準に適合しない現存建物を「既存不適格」とよんでいる．建築物の設計基準は1971年と1981年に大幅に改正されているが，この地震では1981年以降のいわゆる新耐震で設計された建物の被害が少なかったのに対し，1980年以前，とりわけ1970年以前の古い設計基準で建てられた建物の被害が多かった．

　土木構造物や公共建築は，行政側により逐次新しい設計の構造物につくり直すか補強をすることができるが，民間の建築物については費用がかかるため，地震対策は遅れている．東京には神戸より古い建物が多く，地震時の被害が懸念されている．読者も自分の勤めている，あるいは住んでいる建物の建築年をみて，耐震性のおおよその判断をすることが安全のために必要だと思う．

演習問題 [10]

10.1 過去の地震災害を一つ選び，死亡した人，負傷した人，家を失った世帯の割合を市町村単位で計算し，危険の許容範囲との関係を述べよ．

10.2 読者の住んでいる家，職場・学校の建物の耐震性について論ぜよ

付録　振動の基礎理論

　ここでは，耐震設計の基礎となる1自由度系の振動基礎理論について学んでおきたい．自由度とは，構造系の変位を表すのに必要な座標の数で，1自由度はその最も簡単な形で，付図1のような構造が1自由度系の例である．

　ここでは，数式が並んで少々わかりにくいかもしれないが，ここで最も理解してほしいのは，構造物の固有周期と外力（入力）振動の周期が一致し，共振現象が起こったときに構造物の揺れが大きく増幅されることである．

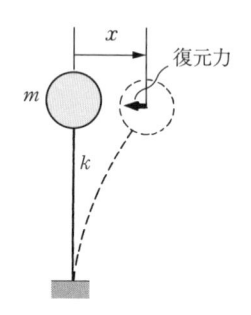

付図1　自由振動のモデル

付.1　減衰のない系の自由振動

　はじめに，最も単純な構造での振動を考えてみる（付図1参照）．物体に外力が作用していない状態で起こっている振動を自由振動という．多くの物体は変形を与えたとき，変形が微小である場合はフックの法則に従い，変形の量に比例してもとに戻ろうとする復元力が発生する．変位を x とし，復元力を $f(x)$ とすると，

$$f(x) = -kx \tag{付.1}$$

が成り立つ．ここで，k はばね定数である．復元力がマイナスなのは変位の方向と反対に力が作用するからである．

　付図1のような振動をしている系において，ニュートンの法則による質量 m の物

体に作用する力と，それによって生じる加速度の関係から，

$$m\frac{d^2x}{dt^2} = -kx \tag{付.2}$$

が成り立つ．よって，

$$m\frac{d^2x}{dt^2} + kx = 0 \tag{付.3}$$

となる．式（付.3）のような形の微分方程式を振動方程式という．

式（付.3）を解くと，次式が得られる．

$$x = C\sin(\omega t + \phi) \tag{付.4}$$

ここで，C, ϕ：積分定数，$\omega = \sqrt{\dfrac{k}{m}}$：固有円振動数である．

式（付.4）で表される振動の周期を T とすると，$\omega T = 2\pi$ であるので，

$$T = \frac{2\pi}{\omega} = 2\pi\sqrt{\frac{m}{k}} \tag{付.5}$$

となり，振動数を f とすると，次式が得られる．

$$f = \frac{1}{T} = \frac{1}{2\pi}\sqrt{\frac{k}{m}} \tag{付.6}$$

ここで，T, f は，式（付.5），（付.6）から k, m によって一定であることがわかる．そこで，これらをそれぞれ固有周期（natural period），固有振動数（natural frequency）という．

付.3節で解説するように，物体が固有振動数に近い卓越振動数を有する振動を受けると，大きく振れる現象を共振（resonance）という．地震時に構造物の共振現象が発生すると危険で，破壊に至ることがある．したがって，耐震設計を行ううえで構造物の固有振動数にもとづく地震応答特性を考慮することが重要である．

付.2　減衰のある系の自由振動

付.1節では，減衰のない構造物の自由振動を考えたが，実際の構造物には運動に対する抵抗である減衰機構があり，自由振動をさせるといつまでも振動を続けるわけではなく，だんだんと運動は小さくなり，最後には止まってしまう．振動を減衰させる原因は，地盤へのエネルギーの逸散や空気抵抗，構造物の継手や支点の摩擦などでエネルギーが消費されるためである．

減衰のモデルとしては，次のようなものがある．

（1）粘性抵抗モデル
振動を減衰させる抵抗力は，速度に比例する大きさで速度と逆方向にはたらく．

（2）固体摩擦力モデル
振動を減衰させる抵抗力は，一定の大きさで速度と逆方向にはたらく．

一般には，（1）項の粘性抵抗モデルが用いられることが多いので，以下にこの場合の振動方程式を解く．

粘性抵抗 f_d は，次式となり，ここで，c は定数である．

$$f_d = -c \frac{dx}{dt} \tag{付.7}$$

復元力と減衰抵抗力はいろいろな組合せを考えることができるが，ここでは代表的なものとして，両者が質量に対して並列に作用するケルビン（Kelvin）モデル（付図2参照）を考える．この場合の運動方程式は，

$$m\frac{d^2 x}{dt^2} + c\frac{dx}{dt} + kx = 0 \tag{付.8}$$

となり，式（付.8）において，

$$\left. \begin{array}{l} \omega^2 = \dfrac{k}{m} \\[1em] h = \dfrac{1}{2\omega} \cdot \dfrac{c}{m} = \dfrac{c}{2\sqrt{mk}} \end{array} \right\} \tag{付.9}$$

とすると，式（付.8）は，次式となり，これは減衰振動の方程式で，h は減衰定数という．

$$\frac{d^2 x}{dt^2} + 2\omega h \frac{dx}{dt} + \omega^2 x = 0 \tag{付.10}$$

ここで，$x = e^{\lambda t}$ とおき，式（付.10）に代入すると，

$$(\lambda^2 + 2\omega h \lambda + \omega^2)e^{\lambda t} = 0$$

となる．したがって，λ は，

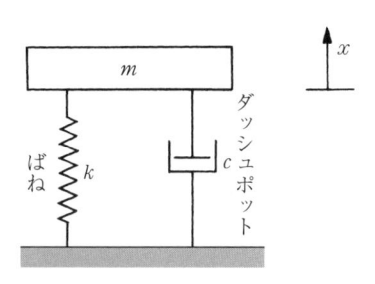

付図2　ケルビンモデル

$$\lambda^2 + 2\omega h \lambda + \omega^2 = 0$$

を満足しなければならないから，この二次方程式を解いて，

$$\lambda = -\omega h \pm \sqrt{\omega^2(h^2-1)}$$
$$= -\omega h \pm \omega\sqrt{h^2-1} \qquad (付.11)$$

となる．式（付.11）を解くには，h の値により次の二つのケースに分ける．

(a) $h > 1$ の場合

$$\omega' = \omega\sqrt{h^2-1}$$

とすると，

$$\lambda_1 = -\omega h + \omega'$$
$$\lambda_2 = -\omega h - \omega'$$
$$\therefore \quad x = e^{-\omega h t}(C_1 e^{\omega' t} + C_2 e^{-\omega' t}) \qquad (付.12)$$

となり，ここで，C_1, C_2 は積分定数で，初期条件で決められる定数である．

すなわち，h が 1 より大きく減衰作用が大きい場合は，式（付.12）で明らかなとおり，系の振動はなく，時間とともに減衰する運動を示している（付図 3 参照）．

(b) $h < 1$ の場合

$$\omega' = \omega\sqrt{1-h^2}$$

とすると，

$$\lambda_1 = -\omega h + i\omega'$$
$$\lambda_2 = -\omega h - i\omega'$$

（i は虚数）

となる．この場合の解は，

$$x = e^{-\omega h t}(C_1 \cos \omega' t + C_2 \sin \omega' t) \qquad (付.13)$$

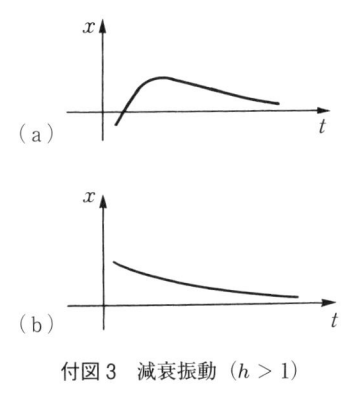

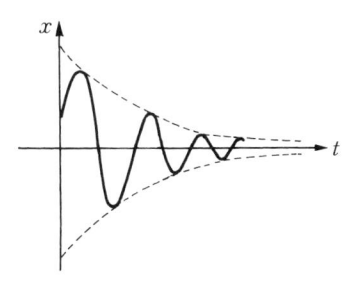

付図 3　減衰振動（$h > 1$）

付図 4　減衰振動（$h < 1$）

となる．すなわち，減衰作用が小さい場合は振動をするが，時間とともに振幅は指数関数的に減衰していく（付図4参照）．このときの振動周期Tは，減衰がない場合の周期をT_0とすると，次式となり，減衰作用があると振動周期が長くなることがわかる．

$$T = \frac{2\pi}{\omega'} = \frac{2\pi}{\omega\sqrt{1-h^2}} = \frac{T_0}{\sqrt{1-h^2}}$$

付.3　正弦波外力による強制振動

付.2節で示した系に，正弦波タイプの外力が作用した場合を考える．その運動方程式は力のつり合いから，次式のようになる．

$$m\frac{d^2x}{dt^2} + c\frac{dx}{dt} + kx = F\cos\omega_f t \tag{付.14}$$

ここで，Fは外力の振幅，ω_fは外力の円振動数[rad/s]である．両辺をmで除して，

$$\omega = \sqrt{\frac{k}{m}}$$

$$h = \frac{c}{2\sqrt{mk}}$$

$$f = \frac{F}{m}$$

とすると，式（付.14）は，

$$\frac{d^2x}{dt^2} + 2\omega h\frac{dx}{dt} + \omega^2 x = f\cos\omega_f t \tag{付.15}$$

となる．この特解は外力と同じ振動数の正弦波と予想されるので，仮に振幅Aと位相遅れϕを未知数として変位xを，

$$x = A\cos(\omega_f t - \phi) \tag{付.16}$$

とし，式（付.15）に代入すると，

$$A\{-\omega_f^2\cos(\omega_f t - \phi) - 2\omega h\omega_f\sin(\omega_f t - \phi) + \omega^2\cos(\omega_f t - \phi)\}$$
$$= f\cos\omega_f t \tag{付.17}$$

となり，式（付.17）で$\sin\omega_f t$と$\cos\omega_f t$の係数を整理すると，

$$(\omega^2 - \omega_f^2)\cos\phi + 2\omega h\omega_f\sin\phi = \frac{f}{A} \tag{付.18}$$

$$(\omega^2 - \omega_f^2)\sin\phi - 2\omega h\omega_f\cos\phi = 0 \tag{付.19}$$

となる．この連立方程式を解くと，

$$A = \frac{\dfrac{f}{\omega^2}}{\sqrt{\left(1 - \dfrac{\omega_f^2}{\omega^2}\right)^2 + \left(\dfrac{2h\omega_f}{\omega}\right)^2}} \tag{付.20}$$

$$\tan\phi = \frac{\dfrac{2h\omega_f}{\omega}}{1 - \left(\dfrac{\omega_f}{\omega}\right)^2} \tag{付.21}$$

となる．式（付.20）のうち，$f/\omega^2 = (F/m)\cdot(m/k) = F/k$ は，F が静的に作用したときの系の変位を表している．

よって，$A/(f/\omega^2)$ は動的に力が加わった場合の振幅の増幅の比率を示しており，増幅率（記号 M：magnification factor）とよぶ．

$$M = \frac{1}{\sqrt{\left(1 - \dfrac{\omega_f^2}{\omega^2}\right)^2 + \left(\dfrac{2h\omega_f}{\varpi}\right)^2}} \tag{付.22}$$

M と ω_f/ω と h の関係を付図 5 に示す．この図によれば，h の大きさにより次のような性質があることが理解できる．

(a) $h \geqq 1/\sqrt{2}$

増幅率は 1 以下で ω_f/ω が大きくなるほど小さくなる．

(b) $h < 1/\sqrt{2}$

ω_f/ω が大きくなると増幅率は大きくなり，極大値をもち，さらに ω_f/ω が大きくなると増幅率は小さくなる．とくに，減衰定数が小さいときは振幅は著しく増大する．

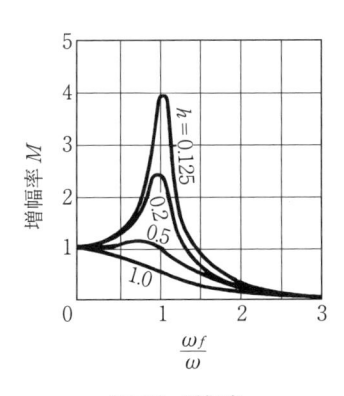

付図 5　増幅率

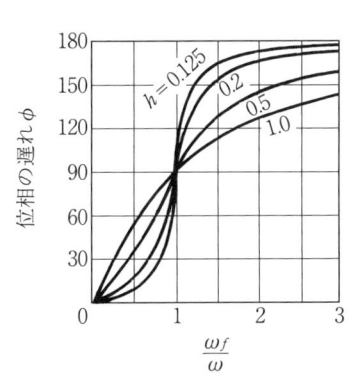

付図 6　位相の遅れ

最も増大率が大きくなるのは，
$$\omega_f/\omega = \sqrt{1-2h^2}$$
のときであり，最大増幅率 M_m は，
$$M_m = \frac{1}{2h\sqrt{1-h^2}} \fallingdotseq \frac{1}{2h} \qquad (付.23)$$
となり，h が小さいほど増幅率は大きくなる．たとえば，$h = 0.1$ のとき M_m は 5 となり，静的な力が作用した場合の 5 倍の振幅になることがわかる．このように，共振時には構造物が大きく振動し，破壊しやすく危険な状態になるので，耐震設計をするときは留意する必要がある．位相の遅れは式（付.21）で表され，付図 6 のようになる．この図から，次のことが明らかである．
① ω_f/ω が小さいときは位相差が小さい．
② ω_f/ω がかなり大きくなると応答の位相は約 180°（π）遅れ，振動方向は外力とほぼ反対になる．
③ h が小さい場合の共振時（$\omega_f/\omega \fallingdotseq 1$）の位相差は約 90° である．

付.4　正弦波地動変位による強制振動

地震計の原理を理解するために，地盤の正弦波変位による強制振動について述べる．地震計は第 4 章で述べたように，振子の原理を利用したものであるが，運動方程式は 1 自由度系でばねのついた質点を強制的に振動させたものに相当する．

付図 7 のような地震計を考え，地動変位を x_g，質点 m の絶対変位を x_t，相対変位を x とすると，この質点 m には外力が作用していないので，

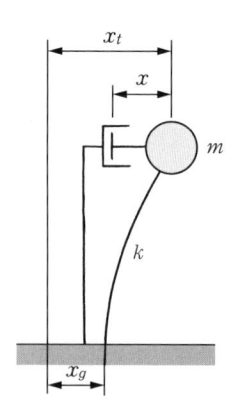

付図 7　地震計の原理

$$m\frac{d^2 x_t}{dt^2} + c\frac{dx}{dt} + kx = 0 \tag{付.24}$$

となる．ここで，$x_t = x + x_g$ であるから，

$$\frac{d^2 x_t}{dt^2} = \frac{d^2 x}{dt^2} + \frac{d^2 x_g}{dt^2}$$

となり，これを式（付.24）に代入すると，

$$m\frac{d^2 x}{dt^2} + c\frac{dx}{dt} + kx = -m\frac{d^2 x_g}{dt^2} \tag{付.25}$$

となる．ここで，地動変位 x_g を，

$$x_g = x_{g0} \cos \omega_g t$$

とすると，式（付.25）は，

$$\frac{d^2 x}{dt^2} + 2\omega h \frac{dx}{dt} + \omega^2 x = x_{g0}\omega_g^2 \cos \omega_g t \tag{付.26}$$

となる．この式は式（付.15）の右辺を $f = x_{g0}\omega_g^2$ とおいたものに等しい．したがって，

$$x = \frac{\dfrac{x_{g0}\omega_g^2}{\omega^2}}{\sqrt{\left(1 - \dfrac{\omega_g^2}{\omega^2}\right)^2 + \left(\dfrac{2h\omega_g}{\omega}\right)^2}} \cdot \cos(\omega_g t - \phi) \tag{付.27}$$

$$\tan \phi = \frac{\dfrac{2h\omega_g}{\omega}}{1 - \left(\dfrac{\omega_g}{\omega}\right)^2} \tag{付.28}$$

となる．

　ここで，系の固有周期を十分長くして $\omega_g/\omega \gg 1$ とすると，式（付.27），（付.28）より，

$$x \fallingdotseq x_{g0} \cos \omega_g (\omega_g t - \pi) = -x_{g0} \cos \omega_g t = -x_g \tag{付.29}$$

となり，振子の相対変位は地動の変位を示すことになり変位地震計となる．反対に，系の固有周期を十分短くして $\omega_g/\omega \ll 1$ とすると，同様にして，

$$x \fallingdotseq \frac{\omega_g^2}{\omega^2} x_{g0} \cos \omega_g t = -\frac{1}{\omega^2}\frac{d^2 x_g}{dt^2} \tag{付.30}$$

となり，振子の相対変位は地動の加速度に比例することになり，加速度地震計になる．さらに，$\omega_g/\omega \fallingdotseq 1$ として，h を比較的大きくすると，

$$x \fallingdotseq \frac{\omega_g}{2h\omega}x_{g0}\cos\left(\omega_g t - \frac{\pi}{2}\right)$$

$$= \frac{\omega_g}{2h\omega}x_{g0}\sin\omega_g t = -\frac{1}{2h\omega}\frac{dx_g}{dt} \qquad (付.31)$$

となり，振子の相対変位は地動の速度に比例し，速度地震計になる．

このように，地震計は振子の原理を応用しているが，地震計の固有周期と測定する地震動の周期の関係を調整することにより，地動の変位，加速度，速度を測定できるようになっている．

参考文献

第1章

1) 宇佐見龍夫：新編日本被害地震総覧，東京大学出版会，1997年
2) 石井一郎，元田良孝他：防災工学，森北出版，p.16，1996年
3) 上田誠也：新しい地球観，岩波新書，1971年
4) 阿部勝征：地震は必ず来る，読売新聞社，1990年
5) 気象庁ホームページより
   http://www.jma.go.jp/jma/kishou/know/whitep/2-1.html
6) 気象庁監修：震度を知る―基礎知識とその活用―，ぎょうせい，pp16-18，1996年
7) 気象庁：平成16年11月　地震・火山月報（防災編），2005年
   http://www.seisvol.kishou.go.jp/eq/gaiyo/index.html
8) 気象庁：海域で発生した主な地震の余震回数比較（マグニチュード5.0以上）
   http://www.seisvol.kishou.go.jp/eq/2011_03_11_tohoku/yoshinhikaku.pdf
9) 気象庁：余震活動の領域について
   http://www.jma.go.jp/jma/menu/yoshin_area.pdf
10) 国立天文台編：理科年表（平成9年），丸善，1996年
11) 科学技術庁：大地震のあと，余震はどうなるか，1998年
    http://www.jishin.go.jp/main/yoshin3/yoshin.pdf

第2章

1) 地震調査研究推進本部
   http://www.jishin.go.jp/main/p_hyoka02.htm
2) 宇津徳治ほか編集：地震の事典　第2版，朝倉書店，p483，表9.1，2001年
3) 野田洋一・江川紳一郎・長尾年恭：東京都水産試験場実施のナマズと地震の関係に関する研究の変遷，東海大学海洋研究所研究報告第25号，2004年
4) 石橋克彦：東海地方に予想される大地震の再検討―駿河湾地震の可能性―，第17巻地震予知連絡会会報，pp.126～132，1977年
5) ロバート・ゲラー：日本人は知らない地震予知の正体，双葉社，2011年
6) 日本地震学会地震予知検討委員会編：地震予知の科学，東京大学出版会，2007年

第3章

1) 高知県：高知県南海地震対策行動計画（平成21年度～26年度），p.1, 2009年
   http://www.pref.kochi.lg.jp/soshiki/010201/koudoukeikaku.html
2) 国土地理院ホームページ
   http://www.gsi.go.jp/chibankansi/chikakukansi40005.html
3) 国土地理院ホームページ
   http://vldb.gsi.go.jp/sokuchi/sar/result/sar_data/urgent/image/png/tohoku_taiheiyo_D34.3_p56_1011_1104.png
4) 松田時彦：活断層から発生する地震の規模と周期について，地震2，第28巻，pp.267～283，1975年
5) 活断層研究会：新編 日本の活断層，東京大学出版会，1991年
6) （社）日本道路協会：「道路橋」に関する地区講習会講義要旨，平成8年度，p.215, 1996年
7) 竹内均編：巨大地震，ニュートン臨時増刊号，教育社，1995年
8) 松田時彦：活断層，岩波新書423，岩波書店，1995年

第4章

1) 川島一彦編：地下構造物の耐震設計，鹿島出版会，p.12, 図2-3, 1994年
2) Katayama, T. et al; Ground Shaking Severity Detector by Use of Spectrum Intensity (SI), Proc. of 7th Japan Earthquake Symposium, December 1986
3) 国土技術政策総合研究所
   http://www.nilim.go.jp/

第5章

1) 近畿地方建設局：阪神淡路大震災―近畿地方建設局の記録―，1996年
2) 建設省監修：土木構造物の震災復旧技術マニュアル（案），1996年
3) 宮城県農村振興課：平成20年岩手・宮城内陸地震「荒砥沢ダム災害情報」，2009年
4) 室崎益輝，岩見達也他：阪神・淡路大震災における地震火災に関する研究，―実態と今後の課題―，平成7年度日本建築学会近畿支部研究報告集，1995年
5) 上田敏也：平成7年兵庫県南部地震再学調査報告第6編，道路建設の被害及び道路交通への影響，土木研究所報告第196号，p.238, 1996年
6) 元田良孝，前田陽一：三陸はるか沖地震における道路交通情報に関する研究，高速道と自動車，第39巻，第2号，1996年
7) 阪神・淡路大震災調査報告編集委員会：阪神・淡路大震災調査報告　土木構造物の被害（橋梁），土木学会，1996年
8) （社）日本道路協会：「兵庫県南部地震により被災した道路橋の復旧に係る仕様」の準用に関する参考資料（案），1995年

9) 中岡智信：技術士を目指して　建設部門　選択科目第7巻，道路，山海堂，1995年
10) （社）土木学会：阪神大震災震害調査緊急報告会資料，1995年
11) 久保慶三郎：地震と土木構造物，鹿島出版会，1981年
12) （社）建設コンサルタンツ協会：阪神・淡路大震災被害調査報告書，1995年
13) 関西電力株式会社：阪神・淡路大震災復旧記録，1994年
14) 応用地質株式会社編：1994年1月17日　ノースリッジ地震被害調査報告，1995年
15) 国土交通省（旧建設省）兵庫県南部地震道路橋震災対策委員会：兵庫県南部地震における道路橋の被災に関する調査報告書，1995年

第6章

1) 日本道路協会編：道路橋示方書・同解説　Ⅴ　耐震設計編，（社）日本道路協会，2012年
2) （社）日本道路協会：道路土工要綱（平成21年度版），2009年
3) （社）日本道路協会：道路土工—盛土工指針（平成22年度版），2010年
4) 鹿島都市防災研究会編：都市・建築防災シリーズ　制震・免震技術，鹿島出版会，1996年
5) 鹿島建設土木設計本部編：「土木設計の要点」⑥　耐震設計法／限界状態設計法，鹿島出版会，1996年
6) 荒川直士他：新編土木工学講座23　土木耐震工学，コロナ社，1990年
7) 特集新耐震講座　現場はどう変わるのか，日経コンストラクション，1996年9月号
8) 永井達也：耐震技術のはなし，日本実業出版社，1995年
9) 道路橋の免震構造研究委員会：道路橋の免震・制震設計法マニュアル（案），（財）土木研究センター，2011年
10) 道路橋の免震構造研究委員会：わが国の免震橋事例集，（財）土木研究センター，2011年

第7章

1) 国土交通省東北地方整備局：東日本大震災　関連情報ページ
http://www.thr.mlit.go.jp/road/jisinkannrenjouhou_110311/kushinohasakusen.html
2) 気象庁：東北地方太平洋沖地震の津波警報及び津波情報に関わる面談調査結果（速報），2011年
3) 遠藤真弘：東日本大震災後の災害廃棄物処理—これまでの取組と今後の課題—，調査と情報第719号，国立国会図書館，2011年
4) 東京都：首都直下地震による東京の被害想定，2006年
5) 東京都防災会議：首都直下地震等による東京都の被害想定報告書，2012年
6) 道路震災対策委員会：道路震災対策便覧（震前対策編），（社）日本道路協会，2006年
7) 道路震災対策委員会：道路震災対策便覧（震災復旧編），（社）日本道路協会，2007年

8） 道路震災対策委員会：道路震災対策便覧（震災危機管理編），（社）日本道路協会，2011 年

第 8 章
1） 伊勢湾台風 30 年事業実行委員会「次代にひきつぐあの教訓　伊勢湾台風」，1996 年
2） 内閣府防災情報のホームページより
http://www.bousai.go.jp/jishin/chubou/taisaku_toukai/pdf/kyoukachiiki/toukai_chizu.pdf
3） 兵庫県県民生活部生活文化局生活創造課資料による
http://web.pref.hyogo.jp/wd33/documents/000036198.pdf
4） 全国社会福祉協議会
http://www.saigaivc.com/
5） 首藤伸夫，片山恒雄：テクノライフ選書　大地が震え海が怒る―自然災害はなくせるか―，オーム社，p.127，1996 年
6） 損害保険料率算出機構：日本の地震保険平成 22 年 1 月版，2010 年
7） 内閣府記者発表資料：東日本大震災における被害額の推計について，2011 年
8） 中央防災会議：首都直下地震避難対策専門調査会報告　第 6 回参考資料，2007 年
9） 元田良孝，宇佐美誠史，佐藤枝里子：被災地周辺における震災直後の交通・給油行動に関する考察，第 32 回交通工学研究発表会論文集，CD-ROM，2012 年

第 9 章
1） 里村幹夫編：地震防災，学術図書出版社，2008 年
2） 相田　勇：日本沿岸における津波長期危険度としてのエネルギー累積値分布，地震，第二編，第 41 巻第 4 号，p.578，地震学会，1988 年
3） THE RECONNAISSANCE TEAM OF JAPAN SOCIETY OF CIVIL ENGINEERS; THE DAMAGE INDUCED BY SUMATRA EARTHQUAKE AND ASSOCIATED TSUNAMI OF DECEMBER 26, 2004, 2005 年
4） （財）海洋架橋・橋梁調査会：平成 23 年東北地方太平洋沖地震による道路橋被害の事例，2011 年
5） （財）海洋架橋・橋梁調査会：平成 23 年東北地方太平洋沖地震による道路橋被害に関する調査，J_BEC レポート 2011 Vol.6，2011 年
6） 独立行政法人港湾空港技術研究所：2011 年東日本大震災による港湾・海岸・空港の地震・津波被害に関する調査速報，港湾空港技術研究所資料 No.1231，2011 年
7） 土木学会地震工学委員会：土木学会東日本大震災被害調査団緊急地震被害調査報告書，2011 年
8） 交通政策審議会港湾分科会防災部会：港湾における総合的な津波対策のあり方（中間とりまとめ），国土交通省，2011 年

9) 関沢愛：東北地方太平洋沖地震による津波火災の発生した東北三陸地域の現地被害調査の概要報告，2011年
http://gcoe.moritalab.com/gcoe/fireinfo/contents/ReportOfSanriku110327-30.pdf
10) 土木学会海岸工学委員会：海岸施設設計便覧2000年版，2000年
11) 田老町教育委員会：田老町史津波編（田老町津波誌），2005年
12) 山口彌一郎，石井正己，川島秀一：津浪と村（復刻版），三弥井書店，2011年
13) 気象庁：地震と津波—その監視と防災—，1991年

第10章

1) Pochin E. E.: The acceptance of risk, Brit. Med. Bull. 1975年
2) 元田良孝：国際技術協力概論—土木分野を中心にして—，森北出版，1995年
3) 新田敬祐：リスクマネジメントの新潮流—事業リスクマネジメント（ERM）とは何か—，ニッセイ基礎研レポート，2004年
4) 首藤伸夫，片山恒雄：テクノライフ選書　大地が震え海が怒る—自然災害はなくせるか—，オーム社，p.127，1996年
5) 佐藤　誠：論説　社会資本とソーシャル・キャピタル，立命館国際研究 16-1，2003年
6) （社）国際交通安全学会：特集／安全の概念，国際交通安全学会誌，第19巻，第4号，1993年

付録

1) 岡本舜三：建設技術者のための振動学，オーム社，1967年

地震関係のおもなホームページ一覧

(あいうえお順)

気象庁
http://www.jma.go.jp/jma/index.html

強震観測網（K-NET）
http://www.kyoshin.bosai.go.jp/kyoshin/

京都大学防災研究所
http://www.dpri.kyoto-u.ac.jp/web_j/index_topics.html

国立研究開発法人建築研究所
http://www.kenken.go.jp/

国際地震工学センター
http://www.kenken.go.jp/japanese/research/iisee/index.html

国土技術政策総合研究所
http://www.nilim.go.jp/

国土地理院
http://www.gsi.go.jp/

東京大学地震研究所
http://www.eri.u-tokyo.ac.jp/

国立研究開発法人産業技術総合研究所地質調査総合センター
http://www.gsj.jp/

地震調査研究推進本部
http://www.jishin.go.jp/main/index.html

地震防災対策強化地域判定会（報道資料）
http://www.jma.go.jp/jma/press/hantei.html

地震予知連絡会
http://cais.gsi.go.jp/YOCHIREN/

測地学分科会
http://www.mext.go.jp/b_menu/shingi/gijyutu/gijyutu6/index.htm

中央防災会議
http://www.bousai.go.jp/chubou/chubou.html

東京都防災ホームページ
http://www.bousai.metro.tokyo.jp/

国立研究開発法人土木研究所
http://www.pwri.go.jp/

復興庁
http://www.reconstruction.go.jp/

国立研究開発法人防災科学技術研究所
http://www.bosai.go.jp/

索 引

あ 行

アイソレーター……………………………68, 95
アウターライズ地震………………………………9
アクチュエーター…………………………………94
アクティブバリアブルスティフネス……………95
アクティブ方式……………………………………95
アスペリティ………………………………………7
アセノスフェア……………………………………3
後予知……………………………………………33
アリューシャン地震……………………………133
アルキスト-プリオロ震源断層地帯法…………38
安政江戸地震………………………………7, 23, 29
安政東海地震……………………………………133
安政南海地震……………………………………35
伊豆大島近海地震………………………………74
稲村の火…………………………………………145
岩手・宮城内陸地震……………………………64
液状化……………………………………………39
エコノミークラス症候群（深部静脈血栓症／肺塞栓症）……………………………………125
SI センサー………………………………………113
SI 値………………………………………………56
SES…………………………………………………28
SNS（ソーシャル・ネットワーキング・サービス）…………………………………………158
S 波…………………………………………30, 46
S-P 時間…………………………………………50
MSK 震度階級……………………………………16
MM 震度階級……………………………………14
応答スペクトル法……………………………88, 91
応答変位法………………………………………88
大森公式…………………………………………50
小田原地震………………………………………32

か 行

海城地震…………………………………………23
海溝型地震…………………………………………7
海 震………………………………………………47
華県地震……………………………………………4
火山性地震…………………………………………9
加速度応答スペクトル…………………………89
活断層……………………………………………38

干渉 SAR…………………………………………36
感震コンセント…………………………………79
関東地震……………………………………2, 3, 29, 35
気象庁震度階級…………………………………14, 15
既存不適格………………………………………65
北伊豆地震………………………………………74
帰宅困難者……………………………………130
基盤面……………………………………………53
救援物資………………………………………123
共 助……………………………………………122, 156
強震計……………………………………………48
緊急交通路……………………………………83, 119
緊急災害対策派遣隊（TEC-FORCE）………107
緊急地震速報…………………………………30, 114
グーテンベルク-リヒターの関係………………22
くしの歯作戦…………………………………103
釧路沖地震………………………………………55
クライシスマネジメント……………………153
警戒宣言…………………………………………31
警戒体制………………………………………102
計測震度…………………………………………13
K-NET……………………………………………49
激甚災害………………………………………117
激甚災害に対処するための特別の財政援助等に関する法律………………………………………117
減 災……………………………………………155
公共土木施設災害復旧事業費国庫負担法……117
高減衰積層ゴム支承…………………………68, 95
公 助……………………………………………122, 156
国際緊急援助隊………………………………119
国際緊急援助隊の派遣に関する法律………119
国際地震工学センター（IISEE）……………126
ゴム支承…………………………………………61
固有地震…………………………………………25
固有周期…………………………………………93
痕跡高…………………………………………135

さ 行

災害援護資金…………………………………119
災害危険区域…………………………………142
災害救助法……………………………………118
災害査定………………………………………108

索引

災害時優先電話··················102
災害障害見舞金················119
災害対策基本法··················118
災害対策体制··················102
災害対策部··················102
災害弔慰金··················119
災害弔慰金の支給等に関する法律··········119
災害用伝言ダイヤル··············158
最大余震··················16
作図法··················49
サプライチェーン··············129
サン・アンドレアス断層··········37
サン・フェルナンド地震··········38
サンフランシスコ地震··········37
三陸はるか沖地震··············82
GPS波浪計··················145
自　助··················122, 156
地震空白域··················27
地震工学研修··················126
地震調査研究推進本部··········25
地震防災対策強化地域··········120
地震防災対策強化地域における地震対策緊急整備事業に係る国の財政上の特別措置に関する法律
··················121
地震防災対策強化地域判定会······24
地震防災対策特別措置法··········121
地震保険··················127
地震保険に関する法律··········120
地震予知··················23
地震予知推進本部··············24
地震予知のブループリント······24
地震予知連絡会··············24
四川大地震··················4, 126
実体波··················45
実体波マグニチュード··········11
貞観地震··················134
常時微動··················53
昭和三陸地震··················133
昭和南海地震··················35
初期微動··················49
初期微動時間··················50
震　央··················7
震　源··················7
震源域··················7
人工地震··················9
震災予防調査会··············24
浸水深··················135
震生湖··················73
心的外傷後ストレス障害 PTSD······125
震　度（seismic intensity）······9
震　度（seismic coefficient）······87
震度法··················86
スーパー堤防··················71

スペクトル解析··············54
スペクトル（周波数特性）······50
スマトラ島沖地震··············133
スロッシング··················54
セイシュ··················43
制　震··················93
静　振··················43
設計震度··················87
善光寺地震··················73
全国瞬時警報システム（J-ALERT）······115
前　震··················16
ソーシャルキャピタル··········158
速度応答スペクトル··········56
側方流動··················42
遡上高··················135

た　行

大規模地震対策特別措置法······24, 120
耐震設計法··················85
耐震貯水槽··················110
太平洋津波警報センター PTWC······133
高台移転··················115
卓越周期··················93
多摩直下地震··················112
断　層··················36
ダンパー··················68, 95
地殻変動··················35
集集地震··················64
注意体制··················102
中央防災会議··················118
直下型地震··················9
チリ地震··················51
チリ地震津波··················133
津波警報··················137
津波災害警戒地域··············146
津波災害特別警戒地域··········142
津波対策の推進に関する法律······145
津波注意報··················137
津波てんでんこ··············143
津波防災地域づくりに関する法律······145
津波防災の日··················145
東海地震··················32
東海地震説··················24
東京湾北部地震··············112
唐山地震··················4
動的解析法··················88
東南海地震··················133
東南海・南海地震に係る地震防災対策の推進に関する特別措置法··········122
東北地方太平洋沖地震······2, 3, 20, 21, 35
道路啓開··················103
十勝沖地震··················24, 86
トモダチ作戦··················126

トラフ……………………………………7
トリアージ………………………………125

な 行

鉛プラグ入り積層ゴム支承……………68, 95
新潟地震…………………………………39
新潟県中越地震……………………9, 16, 77
日本海溝・千島海溝周辺海溝型地震に係る地震防災対策の推進に関する特別措置法……………122
根尾谷断層………………………………37
濃尾地震…………………………24, 37, 86
野島断層…………………………………37

は 行

パークフィールド地震…………………33
白鳳地震…………………………………133
ハザードマップ…………………………112
パッシブ方式……………………………95
発 震………………………………………7
浜田地震…………………………………26
VAN法……………………………………27
P 波…………………………………30, 46
被害地震…………………………………2
被害予測…………………………………112
東日本大震災復興基本法………………122
被災市街地復興推進地域………………120
被災市街地復興特別措置法……………120
被災者生活再建支援法…………………120
非常体制…………………………………102
避難ビル…………………………………142
避難路……………………………………142
兵庫県南部地震…………………2, 3, 20, 21
表層地盤…………………………………53
表面波……………………………………45
表面波マグニチュード…………………11
福井地震…………………………………71
フーリエスペクトル……………………54
プレート…………………………………3
プレートテクトニクス…………………3
噴 砂……………………………………39
噴砂現象…………………………………40
変位応答スペクトル……………………89

宝永地震…………………………………35
防災行政無線…………………………102, 105
防災モニター……………………………106
北海道東方沖地震………………………72
北海道南西沖地震………………………73
ボランティア活動………………………122
本 震………………………………………16

ま 行

マイクロゾーネーション………………112
マイコンメーター………………………79
マグニチュード…………………………9
宮城県沖地震……………………………69
明治三陸地震……………………………133
メキシコ地震……………………………53
免 震………………………………………93
免震支承……………………………68, 95
モーメントマグニチュード……………12

や 行

誘発性地震………………………………9
ユレダス…………………………………77
余 震………………………………………16
余震に関する大森公式…………………19

ら 行

ライフライン……………………………68
落橋防止構造……………………………58
ラブ波……………………………………46
リアルタイム地震防災…………………113
リスクマッピング………………………153
リスクマネジメント……………………153
リスボン地震……………………………4
リダンダンシー…………………………82
レイリー波………………………………46
レベル1地震動…………………………92
レベル2地震動…………………………92
レベル1の津波…………………………142
レベル2の津波…………………………142

わ 行

湾口防波堤………………………………140

著者略歴

元田　良孝（もとだ・よしたか）
- 1975 年　東京工業大学大学院修士課程修了
- 1984 年　在フィリピン日本国大使館一等書記官
- 1987 年　建設省土木研究所道路部交通安全研究室長
- 1991 年　和歌山県土木部道路建設課長
- 1995 年　建設省近畿地方建設局大阪国道工事事務所長
- 1998 年　岩手県立大学総合政策学部教授
- 2016 年　岩手県立大学名誉教授，日本工営株式会社　技師長
　　　　　現在に至る　博士（工学），土木学会特別上級土木技術者（交通）
- 著　書　国際技術協力概論（森北出版）
　　　　　交通工学（共著・森北出版）
　　　　　バスサービスハンドブック（共著・土木学会）など

萩原　良二（はぎわら・りょうじ）
- 1976 年　名古屋工業大学卒業
- 1994 年　建設省土木研究所地震防災部振動研究室長
- 1995 年　建設省建築研究所国際地震工学部第二耐震工学室長
- 1999 年　建設省関東地方建設局千葉国道工事事務所長
- 2002 年　独立行政法人土木研究所材料地盤研究グループ長
- 2004 年　独立行政法人土木研究所基礎道路技術研究グループ長
- 2007 年　財団法人海洋架橋・橋梁調査会審議役兼企画部長
- 2013 年　株式会社巴コーポレーション常務執行役員
　　　　　現在に至る　技術士（建設部門）
- 著　書　既存鉄筋コンクリート構造物の耐震補強ハンドブック
　　　　　（共著・技報堂出版）
　　　　　1983 年日本海中部地震震害調査報告書（共著・土木学会）など

運上　茂樹（うんじょう・しげき）
- 1985 年　北海道大学大学院修士課程修了
- 1985 年　建設省土木研究所地震防災部耐震研究室研究員
- 1996 年　建設省土木研究所耐震技術研究センター耐震研究室長
- 2001 年　独立行政法人土木研究所耐震研究グループ上席研究員
- 2009 年　国土交通省国土技術政策総合研究所危機管理技術センター地震災害研究官
- 2013 年　国立研究開発法人土木研究所構造物メンテナンス研究センター耐震研究監
- 2016 年　国立研究開発法人土木研究所耐震総括研究監
- 2017 年　東北大学大学院工学研究科土木工学専攻教授
　　　　　現在に至る　博士（工学），技術士（建設部門）
- 著　書　道路橋示方書Ⅴ耐震設計編（共著・日本道路協会・丸善）
　　　　　性能規定型耐震設計（現状と課題）（共著・鹿島出版会）
　　　　　Bridge Engineering Handbook（共著・CRC Press）など

編集担当	大橋貞夫・小林巧次郎（森北出版）	
編集責任	石田昇司（森北出版）	
組　版	創栄図書印刷	
印　刷	同	
製　本	同	

地震工学概論［第2版］　　© 元田良孝・萩原良二・運上茂樹　2012

1999年 3 月27日	第 1 版第 1 刷発行
2005年 9 月 5 日	第 1 版第 4 刷発行
2012年 9 月19日	第 2 版第 1 刷発行
2018年 3 月 9 日	第 2 版第 2 刷発行

【本書の無断転載を禁ず】

著　者　元田良孝・萩原良二・運上茂樹
発行者　森北博巳
発行所　森北出版株式会社
　　　　東京都千代田区富士見1-4-11（〒102-0071）
　　　　電話 03-3265-8341／FAX 03-3264-8709
　　　　http://www.morikita.co.jp/
　　　　日本書籍出版協会・自然科学書協会　会員
　　　　JCOPY ＜（社）出版者著作権管理機構　委託出版物＞

落丁・乱丁本はお取替えいたします．

Printed in Japan／ISBN978-4-627-46472-8

MEMO

MEMO